Photographie de la couverture :
Éric Lajeunesse

Photographie de la couverture quatre :
Grant Siméon

Édition électronique :
Infographie DN

Dépôt légal : 4ᵉ trimestre 1998
Bibliothèque nationale du Canada
Bibliothèque nationale du Québec

123456789 IG 98

J'ai choisi le Québec

Données de catalogage avant publication (Canada)

Charest, Jean, 1958-

   Jean Charest

   Autobiographie

   ISBN 2-89051-719-5

   1. Charest, Jean, 1958-   2. Parti libéral du Québec
3. Québec (Province) – Politique et gouvernement •
1994-   4. Parti progressiste conservateur du Canada
5. Canada • Politique et gouvernement – 1993-
6. Chefs de parti politique • Québec (Province) –
Biographies   7. Chefs de parti politique • Canada –
Biographies   I. Titre.

FC2925.1.C434A3 1998   971.4'04'092   C98-941309-8
F1053.25.C434A3 1998

JEAN CHAREST

J'ai choisi le Québec

ÉDITIONS
PIERRE TISSEYRE

5757, rue Cypihot, Saint-Laurent (Québec) H4S 1R3
Téléphone: (514) 334-2690 – Télécopieur: (514) 334-8395
http://ed.tisseyre.qc.ca
Courriel: info@ed.tisseyre.qc.ca

À Michou, Amélie,
Antoine et Alexandre,
je vous aime.

AVANT-PROPOS

Le 2 mars 1998, ma vie a changé pour toujours. Daniel Johnson venait d'annoncer sa démission comme chef du Parti libéral du Québec. Dans les minutes qui ont suivi, je recevais déjà des appels à mon bureau. Des appels pressants, urgents. Des appels venant de toutes parts. J'avais pourtant des responsabilités de chef de parti au niveau fédéral. Cependant, je suis né et j'ai grandi au Québec, et, pour moi, l'engagement envers mes concitoyens a toujours primé l'attachement à un parti politique. Je suis donc revenu auprès des miens, afin que nous puissions bâtir ensemble le Québec que nous voulons laisser à nos enfants. J'ai représenté mes concitoyens de Sherbrooke au Parlement pendant presque quatorze ans. Mon travail m'a passionné. J'éprouve un très vif attachement pour la région des Cantons de l'Est, où j'ai passé presque toute ma vie. C'est une communauté qui me connaît bien et que j'ai le privilège de bien connaître. Les Québécois des autres régions me connaissent moins bien. En effet, l'idée d'écrire ce livre m'a été suggérée par plusieurs amis à qui, depuis que j'ai quitté l'arène fédérale pour prendre la direction du Parti libéral du Québec, on pose souvent cette question : « Qui donc est Jean Charest ? » J'ai voulu parler aux Québécois et aux Québécoises, afin qu'ils puissent mieux me connaître, avant la tenue d'élections générales qui seront déterminantes pour l'avenir du Québec. Ce récit est moins une autobiographie qu'un retour aux sources, une réflexion sur les expériences de ma vie dont j'ai tiré des leçons, qui ont formé mes valeurs, mes convictions et mes choix. Comme nous allons, je l'espère, faire un long bout de chemin ensemble, j'ai voulu par ce livre vous présenter votre compagnon de route.

Mes racines

Je suis né à Sherbrooke un 24 juin, jour de la Saint-Jean-Baptiste, en 1958, et c'est ici, dans les Cantons de l'Est, que j'ai grandi. Ma mère, Rita Leonard, était d'origine irlandaise. Elle venait de Bury, un petit village près de Sherbrooke, où son père était marchand de bois. Elle était issue d'une famille d'Irlandais catholiques qui avaient émigré au Canada pendant une des famines qui avaient pratiquement vidé l'Irlande au XIXᵉ siècle. Ils étaient venus ici sur un de ces bateaux qu'on appelait *coffin-ships* (littéralement « navires-cercueils ») où les gens demeuraient entassés au fond d'une cale fermée, dans des conditions épouvantables, pendant la trentaine de jours que durait la traversée. D'innombrables hommes, femmes et enfants sont morts de faim et de maladie à bord de ces bateaux. Les souffrances que connurent ces gens-là sont inimaginables. Pour s'en convaincre, il suffit de visiter Grosse-Île où les survivants, à la descente du bateau, étaient mis en quarantaine. Certains de ces immigrants, qui se dispersèrent un peu partout en Amérique du Nord, vinrent s'établir dans les Cantons de l'Est. La famille de ma mère était de ceux-là. Ma mère a donc grandi au sein d'une famille anglophone, dans un milieu qui était à majorité francophone. Très jeunes, elle et ses cinq frères et sœurs ont appris à parler le français. Ma mère fréquentait le collège Mont-Notre-Dame à Sherbrooke, où, à l'époque, il y avait un côté anglais, comme c'était le cas autrefois à Villa-Maria ou au couvent du Sacré-Cœur à Montréal.

Mes parents se sont rencontrés alors que ma mère suivait son cours d'infirmière et se préparait à entrer sur le marché du travail. Mon père, Claude Charest, était plus âgé qu'elle. Les Charest vivent à Sherbrooke depuis des générations. Leurs ancêtres sont arrivés en Amérique du Nord au début de la colonisation de la Nouvelle-France. Les Charest de ma famille paternelle étaient des marchands, des gens d'affaires. Mon arrière-grand-père Joe était entrepreneur à Sherbrooke. Il était propriétaire de camps et de chantiers de bois, tant au Québec qu'aux États-Unis. Mon grand-père Ludovic était entrepreneur, lui aussi, en défrichement, dans le nord du Québec et de l'Ontario, pour le compte de plusieurs compagnies hydroélectriques. À une certaine époque, il avait exécuté des travaux pour Hydro-Québec et Hydro-Ontario. Mon père, lui, était joueur de hockey. Sa famille, si elle avait connu des succès, avait aussi vécu des années très difficiles pendant la Grande Dépression, des années très dures, ici, à Sherbrooke. Mon grand-père avait perdu beaucoup d'argent et avait dû repartir de zéro. Mon père n'a donc pas eu une enfance facile. Il s'en est sorti en jouant au hockey. C'était un bon joueur. Pendant la Seconde Guerre mondiale, il était dans l'équipe de Saint-Paul-l'Ermite. Par la suite, il a joué un an dans la Ligue américaine.

À l'époque où mes parents se sont rencontrés, mon père avait mis fin à sa carrière de joueur de hockey. Il avait acheté un hôtel à Eastman, le Manoir Orford, qui était devenu un lieu de rendez-vous très populaire pour les gens de Sherbrooke, de Magog et des environs. Beaucoup de jeunes s'y retrouvaient durant la fin de semaine. Comme l'hôtel se trouvait sur la route de Montréal, de nombreux automobilistes s'y arrêtaient également. Mon père en a été propriétaire jusqu'en 1958.

En 1953, mes parents se sont mariés. Ils ont eu cinq enfants dont je suis le troisième. En 1958, l'année de ma naissance, mon père a vendu l'hôtel. Il a acheté une maison à Sherbrooke et s'est lancé dans les affaires, principalement dans l'immobilier. Il avait également des buanderies. C'était un homme très autonome, qui n'avait jamais terminé ses études. Il était ce qu'on appelle un *self-made man*, quelqu'un qui s'est fait tout seul.

Nous avons donc été élevés par un père francophone et une mère anglophone, parfaitement bilingues l'un comme l'autre. Nous habitions le quartier nord à Sherbrooke, où vivaient aussi d'autres familles dans la même situation, dont les enfants, étant issus des deux milieux, parlaient l'anglais et le français. Très jeunes, donc, nous avons appris l'existence autour de nous, dans la société qui était la nôtre, d'une certaine diversité, une diversité que nous devions respecter. Ce contexte apportait à notre vie une dimension d'autant plus enrichissante qu'elle nous faisait comprendre que, dans une langue ou dans une culture différente, on voit les choses différemment, on les comprend différemment. Assez rapidement, nous avons appris à vivre entre les deux groupes et à pouvoir passer facilement de l'un à l'autre. Nos parents insistaient beaucoup sur cet impératif de respect et de compréhension de l'autre, de son point de vue, sur l'importance d'admettre qu'il y avait une autre façon de voir les choses.

En vérité, j'ai eu une enfance bénie. J'adorais ma mère et j'avais pour elle une admiration sans bornes. Elle avait été élevée dans l'amour des livres, de la musique, de la danse, de la poésie. C'était une personne qui s'exprimait très bien, qui avait une grande sensibilité artistique, mais elle avait connu une vie relativement dure. Elle avait eu cinq enfants l'un à la suite de l'autre. Elle souffrait de psoriasis, une maladie chronique de la peau. Après la naissance de son cinquième enfant, elle avait le corps couvert de plaques. C'est un souvenir très vif que je garde de mon enfance. La vie pour elle était difficile. Nous étions très exigeants envers elle, je m'en rends compte aujourd'hui. Nous n'étions pas des enfants de tout repos. Pour ma part, j'étais très actif, très remuant, à tel point qu'on a jugé bon de m'envoyer dès l'âge de cinq ans chez les sœurs Jésus-Marie qui avaient une école tout près de la maison. Nos grands-parents maternels, les Leonard, habitaient la maison voisine. Nous partagions la même cour. Ma grand-mère Leonard avait un jardin magnifique où elle faisait pousser toutes sortes de fleurs. Elle était très douce, comme ma mère, très pieuse aussi. Ma grand-mère et ma mère avaient une foi profonde. L'une et l'autre priaient beaucoup. Ma mère était de cette génération de femmes pour qui il n'y avait aucune espèce de question quant à ce qu'elles allaient faire de leur vie. Sa vie, c'était ses enfants, et tout ce qu'ils entreprenaient, leurs rêves, leurs ambitions. Elle ne vivait que pour nous.

Mon père croyait beaucoup à l'autonomie de chaque individu et au sens des responsabilités. Chez nous, c'était un mot qu'on entendait prononcer très souvent. Nous étions responsables de nos actes, nous devions assumer les conséquences de nos gestes. Tout jeunes, nous avons appris que nous devions prendre nous-mêmes la responsabilité de notre avenir, de nos décisions. Ainsi, un jour, mon père nous a proposé, à mon frère et à moi (nous avions neuf et dix ans respectivement), d'acheter des « machines à *peanuts*», c'est-à-dire des distributeurs automatiques d'arachides, et de les installer dans ses buanderies. Il nous a donc amenés à la Caisse populaire pour faire un emprunt. Je nous vois encore devant le gérant, tous les deux, croyant dur comme fer l'un et l'autre que c'était nous qui faisions la démarche. Le gérant s'appelait monsieur Champagne. Il nous a demandé ce que nous voulions en nous regardant, assis derrière son bureau. En y repensant aujourd'hui, je me demande comment il a fait pour garder son sérieux. Mon père nous avait dit : « Vous allez emprunter de l'argent, vous allez acheter les machines et, avec l'argent que vous gagnerez, vous allez rembourser tous les mois. Vous allez vous faire un budget. Tel pourcentage de vos recettes ira au remboursement de votre dette, tel pourcentage à l'achat de vos arachides, et le pourcentage qui reste ira en profits dans vos poches. » Cela dit, on l'a bien eu au tournant. En effet, depuis le plus jeune âge, chacun de nous avait des tâches à la maison. Mon frère et moi, nous étions chargés de pelleter la neige dans les entrées, de faire un feu de foyer tous les soirs en rentrant de l'école. Il n'y avait pas d'exception à la règle. C'étaient des choses qu'il fallait faire sans faute. L'été, nous étions chargés d'entretenir la maison, de laver les fenêtres et le plancher de la cuisine. Chacun avait ses responsabilités. Nous étions enrégimentés. Mon père, donc, avait fait ses calculs. Il nous donnait chacun 3 dollars par semaine, et je crois me souvenir que la caisse d'arachides coûtait 5,60 dollars. Il nous a proposé de s'occuper du transport et de nous payer notre salaire en achetant une caisse d'arachides par semaine. Sauf que, subitement, crash dans le marché des arachides, les prix montent à 9 dollars la caisse en l'espace de six mois ! Mon père, évidemment, voulait renégocier notre entente. « Jamais ! lui avons-nous répondu. Jamais ! T'as conclu une entente ! Tant pis ! » Inutile de dire qu'il n'était pas content. Lorsque nous allions à la Caisse populaire, les caissières savaient toujours quand c'était nous parce qu'elles voyaient apparaître, devant elles sur le comptoir, une petite main agrippant un rouleau de pièces de 5 cents bien salées (car nous avions appris à « rouler » notre argent)… Enfin, pour deux gamins de neuf et dix ans, c'était la grande aventure.

Chez nous, dès l'adolescence, chacun avait la responsabilité d'acheter ses vêtements, de travailler pour gagner son argent de poche. Le principe que mon père appliquait, et qu'il applique encore aujourd'hui, était simple. Il y avait des années où ses affaires allaient bien, d'autres où elles allaient moins bien, et il nous disait toujours : « Moi, j'ai *un* train de vie. Je vis comme ça. Je suis heureux. J'en ai assez pour vivre. Alors, les années où je gagne plus, tant mieux, je réinvestis, mais si je gagne moins, je n'en souffre pas non plus. J'ai assez d'argent pour pouvoir me débrouiller.» Cependant, il était très clair pour nous que, dans la vie, ce n'étaient pas les biens matériels qui étaient importants. D'ailleurs, ma mère, qui m'a beaucoup influencé dans mes choix politiques, quand je lui parlais de l'avenir, de ce que je voulais faire, me disait : «Tu sais, Jean, un jour, tu t'interrogeras sur la signification de ta vie. Tu voudras faire le bilan. Ce sera beaucoup plus tard, quand tu seras vieux, mais je peux déjà te donner quelques indices sur les réponses que tu trouveras. D'abord, la réponse, tu ne la trouveras pas en comptant les voitures dans ta cour. La réponse sur le sens de ta vie, elle ne sera pas non plus déterminée par la taille de ta maison, ni par la grosseur de ton compte en banque. Un jour, le moment viendra où tu te demanderas ce que tu as fait de ta vie. C'est pourquoi tu dois, dès maintenant, donner un sens à ta vie.» Peut-être était-ce sa grande foi qui lui faisait dire cela, mais elle le croyait passionnément.

Le travail, chez nous, c'était très important. Mon père souvent nous disait : «Dans la vie, il y a trois choses qu'on doit faire pour réussir. La première, c'est le travail. La deuxième, c'est le travail, et la troisième, c'est le travail.» Ce n'était pas de sa part une affirmation bêtement matérialiste, loin de là. Il voulait dire par là que, dans tout ce que nous entreprenons, que ce soient nos études, notre mariage, notre famille, notre carrière, il faut travailler pour réussir. Mon père, qui travaillait sept jours par semaine, nous emmenait souvent avec lui au bureau le dimanche matin. Sous la vitre qui recouvrait son bureau, il gardait une bande dessinée qu'il se plaisait à nous montrer presque chaque fois que nous y allions. Le premier dessin montrait un jeune garçon qui courait, tenant un filet pour attraper un papillon, et qui, dans la séquence suivante, tombait dans une rivière parce qu'il ne regardait pas où il allait. Sur le troisième dessin, on le voyait ressortant de la rivière avec, dans son filet, un poisson. Mon père nous disait : « Vous voyez ce que ça veut dire. Si vous travaillez fort dans la vie, vous n'aurez peut-être pas ce que vous vouliez au départ, mais vous aurez quelque chose. Si vous travaillez fort, ne vous inquiétez pas, vous ne pouvez pas vous tromper. » Pour lui, donc, le travail, c'était une valeur primordiale. Il fallait travailler fort, avec ardeur. L'autre valeur qui en découlait et qui revêtait à ses yeux une égale importance, c'était l'autonomie. Il fallait se suffire à soi-même, s'occuper de ses affaires, ne jamais dépendre des autres. C'était l'époque où il commençait à y avoir des changements sociaux importants au Québec. Les séparations, les divorces devenaient monnaie courante. Cela faisait partie des discussions familiales. Il y avait des camarades à l'école, des familles dans le quartier qui subissaient les contrecoups de ces changements. C'était nouveau. Ça nous intriguait. Mon père, là-dessus, adoptait une approche assez terre à terre. Il disait à mes sœurs qu'elles devaient faire en sorte de ne jamais compter sur quelqu'un d'autre pour assurer leur avenir. « Économiquement, arrangez-vous pour gérer vos affaires, pour administrer vos choses, pour être indépendantes. »

La loyauté aussi, c'était extrêmement important. Il fallait savoir se tenir debout et défendre ses convictions, défendre aussi ses amis, même quand les circonstances ne nous y encourageaient pas. Cela nous était présenté comme un test, une façon de mettre notre caractère à l'épreuve. Ma mère, comme elle était très pieuse, était plus fataliste que mon père, plus résignée, comme les Irlandais ont tendance à l'être. J'ai reconnu plus tard dans ma vie beaucoup de traits de caractère de ma mère qui lui venaient de sa culture irlandaise. C'est d'ailleurs fascinant de constater à quel point, à travers les générations, certaines de ces espèces d'hérédités demeurent. Le fatalisme, la résignation. Même si on subissait un grand malheur, il fallait savoir l'accepter, mais surtout il fallait s'en relever. Ainsi, il y avait un autre principe auquel mes parents tenaient beaucoup et qu'on peut résumer ainsi : trébucher, dans la vie, ça arrive, il ne faut pas s'en alarmer, il ne faut pas avoir peur de l'échec. Ce qui compte, c'est de se relever. « La vie continue », disait ma mère. C'est une phrase que je me suis surpris à répéter à ma propre fille, le lendemain de la course au leadership du Parti conservateur en 1993. En la disant, je me suis soudain rendu compte que c'était exactement ce que ma mère aurait dit. Amélie était très déçue, elle avait dix ans, elle avait du mal à comprendre. Pour elle, ce n'était pas simplement une défaite électorale, c'était comme si son père avait subi un affront personnel. Elle ne voulait pas aller à l'école, et mon réflexe a été de lui dire : « Eh bien, moi, je m'en vais au bureau ce matin et, toi, tu retournes à l'école, et la vie continue. »

Le plus important pour mes parents quand nous étions jeunes, c'était l'éducation. Ma mère avait fait son cours secondaire, son cours collégial, puis son cours d'infirmière, mais mon père n'avait jamais terminé ses études secondaires. Pour eux, l'éducation, c'était l'équivalent d'un emploi, d'une liberté, d'un avenir. Dès que nous atteignions l'âge de quatorze, quinze ans, nos parents nous disaient : « Quand ce sera pour votre éducation, nous paierons ce qu'il faut, sans aucune réserve. Pour le reste, pour vos loisirs, pour vos vêtements, c'est vous qui vous en occupez. » L'éducation, c'était sacré. Il n'y avait pas de passe-droit. Pas question de prendre une année sabbatique, pas question d'arrêter l'école pendant six mois. Ils suivaient de très près nos résultats scolaires. Ils n'exigeaient pas qu'on soit premiers de classe, loin de là. Au contraire, ils nous disaient : « Faites votre possible, mais réussissez, point. » Aussi, quand nous revenions à la maison avec le bulletin, c'était un moment très intense. On passait chacun « au confessionnal », à la lecture du bulletin, et si on avait le malheur d'avoir des résultats qui n'étaient pas à la hauteur des attentes – des attentes qui étaient, somme toute, fort raisonnables –, on passait un mauvais quart d'heure. Mon père était un homme très discipliné. Lui-même se levait de bonne heure tous les matins pour faire du jogging, ce qui n'était pas encore à la mode à cette époque-là. Il a fait ça tous les matins, sept jours sur sept, pendant trente ans. C'était donc un homme exigeant, sévère, qui pouvait parfois se montrer très dur quand les choses ne marchaient pas comme il le voulait.

Il y a une quarantaine d'années, mon père a acheté « l'Île », au lac Memphrémagog. Il y a fait construire un chalet quelques années plus tard. Les premières années, il n'y avait ni électricité ni téléphone. On a appris par la suite que nos parents avaient pris leur temps avant de les faire installer parce qu'avec cinq enfants très jeunes, sans lumière, sans télé, dès que la nuit tombait, tout le monde allait se coucher. Mon frère et moi avions d'ailleurs la responsabilité d'entretenir le chalet familial. Tous les étés, la famille déménageait à Magog, à l'Île. Nous gardons de très beaux souvenirs de ces étés passés au bord de l'eau.

Mon père travaillait tous les jours de la semaine, mais il était proche de sa famille. D'ailleurs, c'était souvent lui qui faisait la cuisine le dimanche soir. Il cuisinait très bien, d'abord parce qu'il avait appris à cuisiner quand il tenait l'hôtel et ensuite parce qu'il y prenait un plaisir évident, se permettant beaucoup de libertés dans ses recettes, contrairement à ma mère qui détestait cuisiner et qui, pour parler franchement, était mauvaise cuisinière. Tous les dimanches après-midi, nos parents nous emmenaient faire un tour en voiture, qu'on le veuille ou non. Pour mon père, c'était sacré, c'était du temps pour la famille. Ma grand-mère Charest étant devenue veuve assez jeune, nous allions la chercher pour qu'elle vienne se promener avec nous. Mon père s'occupait beaucoup de sa mère, allait souvent manger chez elle, à Rock Forest, le midi. Cet esprit de famille, ce sens de la famille, comme beaucoup de valeurs apprises de nos parents, revêtent une importance primordiale pour moi et tous les miens.

Mes années de formation

J'ai donc fait toutes mes études en français, d'abord chez les sœurs Jésus-Marie pendant deux ans, ensuite à l'école publique. Nous avons continué, mes sœurs, mon frère et moi, à baigner dans les deux cultures. Dans le domaine des loisirs aussi, car, comme beaucoup de jeunes de notre âge, nous nous intéressions à la musique américaine, à la télé américaine, à la politique américaine et canadienne. Parallèlement, nous nous éveillions à la culture francophone. Je me souviens tout particulièrement d'un livre, *Le Survenant*, de Germaine Guèvremont, qui était au programme de septième année et qui m'avait fait une très vive impression. J'en savourais chaque page parce que j'y retrouvais la famille de mon père. À travers ces personnages, je reconnaissais mon grand-père, des oncles, d'autres personnes que j'avais croisées. Ce livre m'a fait comprendre un certain nombre de réalités que des gens comme les Charest avaient vécues. Il a marqué mon éveil à la culture française québécoise. Notre professeur était madame Louise Meunier. Je devais la retrouver plus tard aux côtés d'un député conservateur, élu en 1988, qui s'appelait Yvon Côté et dont elle était l'épouse.

C'est à l'école secondaire que j'ai rencontré Michèle Dionne, celle qui allait partager ma vie. J'avais quinze ans, elle en avait seize. Nous fréquentions l'école Montcalm, une école qui, à Sherbrooke, avait la réputation d'avoir des élèves assez turbulents. C'était le début des années 1970, une époque où il y avait beaucoup d'effervescence dans la société québécoise, et parmi les jeunes un peu partout en Amérique du Nord. Ce furent pour moi des années d'épanouissement, durant lesquelles j'ai d'ailleurs commencé à m'intéresser à la vie publique, d'abord par le biais de la politique étudiante (au secondaire IV, j'ai représenté mes camarades dans un conseil étudiant). Par la suite, après m'en être un peu détourné pendant un an, j'ai repris intérêt au débat public et, à la fin de mon passage à l'école Montcalm, en secondaire V, j'ai été élu président de l'école. C'est un ami, prêtre et animateur de pastorale, Bernard Bonneau, qui m'avait encouragé à me présenter comme candidat. Pour une raison qui m'échappe, il pensait que c'était une bonne idée. J'avais un trac tel, quand est venu le moment de faire mon discours, qu'il a dû littéralement me pousser sur la scène. Depuis, je n'ai jamais cessé d'en faire.

J'avoue que je n'ai pas beaucoup étudié, cette année-là. Je m'intéressais davantage aux affaires du conseil étudiant. L'école comptait mille deux cents élèves. Nous avons organisé des grèves, des contestations, des négociations avec les professeurs. Cela a été pour moi un apprentissage de la responsabilité publique, qui comporte plusieurs dimensions : il faut apprendre à résoudre des conflits, à écouter, à trouver des solutions, à contester des décisions et aussi, quand il le faut, à dire non, et ce, dans un contexte où l'on doit assumer la responsabilité de ses gestes. En même temps, je faisais beaucoup de ski alpin. J'aimais énormément le soccer aussi. J'y ai joué pendant quatre ans. À l'époque, Sherbrooke avait de très bonnes équipes et d'excellents entraîneurs. Il y avait un leadership, de sorte que nos équipes se distinguaient sur la scène provinciale. En 1973, nous avons gagné la coupe de Montréal. J'étais gardien de but. Le soccer est avant tout un sport d'équipe, grâce auquel on apprend à voir les choses d'une façon qui se reflète plus tard dans ce qu'on entreprend dans sa vie.

J'ai terminé mes études secondaires sans distinction. J'étais un étudiant moyen. J'aurais pu avoir de meilleurs résultats si je m'étais appliqué, mais, à l'époque, ce qui m'intéressait, c'était les activités du conseil étudiant, le sport et la musique de Pink Floyd, d'Octobre et des Rolling Stones.

Une fois le secondaire terminé, je suis allé faire mes études collégiales au séminaire de Sherbrooke. J'étais seul, la première année. Michou et moi, nous nous étions séparés. Elle poursuivait ses études à Montréal, au collège Marguerite-Bourgeois. Elle est revenue pour la dernière année du collégial. Je l'ai revue, un soir, et depuis nous ne nous sommes plus jamais quittés. J'ai la chance d'avoir connu très jeune l'amour véritable, celui qui dure, qui s'épanouit avec les années, avec les épreuves, avec les joies. Au collège, j'ai participé à la vie politique étudiante, tout en préparant mon entrée à l'université. Cela dit, j'avais loupé tant de cours qu'à la dernière session je me suis retrouvé avec huit cours à terminer. J'ai quand même décroché mon diplôme d'études collégiales, mais il a fallu en pédaler un coup!

J'avais obtenu mon premier emploi d'été à la veille de mes quatorze ans, dans un petit restaurant de Magog. À partir de l'âge de quinze ans, j'ai travaillé pendant plusieurs années à la billetterie du Centre culturel de l'Université de Sherbrooke, une expérience qui a marqué ma vie. En effet, là circulaient autour de moi tous les grands artistes qui faisaient la tournée du Québec, comme les danseurs des Grands Ballets canadiens, les membres de la compagnie de théâtre Jean Duceppe, Jean-Guy Moreau, Diane Dufresne, Octobre, Harmonium, et il y avait aussi les grands films étrangers que nous présentions… À l'occasion, on me demandait de donner un coup de main pour monter et démonter les décors qui, dans le cas de troupes comme les Grands Ballets canadiens, pouvaient être fort importants. C'est ainsi que, comme je le racontais l'an dernier à Gilles

Duceppe, le leader du Bloc québécois, j'ai été un soir après la représentation, alors que j'aidais à démonter le décor, témoin d'une dispute mémorable entre Jean Duceppe et l'une de ses filles. Ils étaient seuls sur scène et s'engueulaient comme seuls un père et une fille peuvent le faire! C'était un milieu culturel et universitaire qui me plaisait énormément, où l'on rencontrait toutes sortes de gens fascinants.

Très jeune, à douze ans, j'avais décidé que je voulais être avocat. C'était l'époque où la série télévisée *Perry Mason*, dont le héros est un grand plaideur, était extrêmement populaire. En regardant *Perry Mason*, je me disais: «Voilà ce que je veux faire!» Perry Mason défendait la veuve et l'orphelin. Plus qu'un avocat, c'était un justicier. Pour moi, c'était un modèle très attirant. C'est ainsi qu'un soir, à table, après avoir regardé un épisode de *Perry Mason*, j'ai annoncé à mes parents que j'avais décidé ce que je voulais faire dans la vie. Il y a eu un silence. «Je veux être avocat.» Mon père, amusé, m'a demandé pourquoi. Quand je me suis expliqué, lui et ma mère m'ont dit simplement: «Bon, si c'est ce que tu veux faire, eh bien, fais-le.» Ils étaient heureux du choix que j'avais fait et que je n'ai plus par la suite remis en question. Ma décision était prise. C'était ce que je voulais faire, et je ne me préoccupais pas de savoir s'il me serait ou non difficile d'obtenir une place. Pour moi, ce n'était pas une question de contingentement ni de rémunération. Je voulais faire l'expérience de procès devant juge et jury. Ce qui comptait pour moi, c'était de faire quelque chose que j'aimais et en quoi je croyais.

Je suis entré à l'Université de Sherbrooke en 1977. J'avais été accepté à l'Université d'Ottawa, sauf que je n'avais jamais réussi à m'entendre avec mon père sur la question de savoir qui allait payer le déménagement. Ça bardait chaque fois qu'on en parlait! Pour lui, il n'était pas question d'assumer ce genre de frais. En même temps,

j'étais inscrit sur la liste d'attente de l'Université de Sherbrooke. Trois jours avant la rentrée, j'ai appris que j'étais
accepté. Parce qu'elles traitaient d'un sujet qui me captivait,
je prenais mes études de droit très au sérieux. Je travaillais
fort. Mon père aussi y mettait du sien. Pour lui, c'était une
question de fierté. Il se faisait un point d'honneur à me
reconduire le matin, à revenir me chercher le midi (je
mangeais à la maison). L'après-midi, j'étudiais. Je me suis
d'ailleurs éloigné de la politique étudiante à cette époque
pour me consacrer entièrement à mes cours. Sur le plan
intellectuel, j'étais enrichi, stimulé. Le droit, en effet, nous
apprend à raisonner, à manipuler les concepts, à effectuer
une recherche, à faire la part des choses, à fouiller la jurisprudence, à construire une argumentation, à plaider une
cause, à convaincre. Mes études me passionnaient. Mes
parents étaient heureux de me voir enfin m'atteler corps et
âme à la réalisation d'un rêve qu'ils approuvaient, qui les
rendait fiers. Et puis, à Noël, en 1977, la vie, pour moi, pour
ma famille, pour mon père surtout, a changé pour toujours.

J'avais dix-neuf ans. Juste avant Noël, ma mère est
subitement tombée gravement malade. Très vite, elle est
entrée à l'hôpital, au centre hospitalier universitaire de
Sherbrooke, pour subir des examens médicaux. Le mé-
decin, qui savait qu'elle avait été infirmière, lui a annoncé
son diagnostic : elle était atteinte de leucémie. Aucun espoir
n'était permis. Il lui restait au plus six mois à vivre. Elle est
revenue à la maison. Dans son esprit, les choses étaient très
claires. « Je vais mourir. Je vais mourir dans les six prochains
mois. » Nous étions ses enfants. Dans nos cœurs, nous nous
rébellions contre ce verdict. Nous n'acceptions pas qu'une
telle chose puisse lui arriver à elle, qu'un tel malheur puisse
nous arriver à nous qui l'aimions tant. Les mois qui ont suivi,
nous les avons passés sur les montagnes russes, emportés
par l'espoir le plus fou quand elle connaissait une période
de rémission, plongés dans une détresse absolue quand la
maladie se déclarait de nouveau.

À la première rémission, on pensait que c'était terminé. On vivait d'espoir. On se disait: «Bon, eh bien, ça y est! C'est fini!» L'été 1978 a été pour nous une période miraculeuse. Ce fut d'ailleurs un été magnifique, très certainement le plus bel été des vingt dernières années. Nous étions à l'Île. Il faisait beau. Ma mère a pu nager. Nous passions tout notre temps ensemble. Quand nous avons appris qu'elle était de nouveau malade, c'était comme si la terre venait de s'ouvrir sous nos pieds. Ma sœur Carole, l'avant-dernière, qui était très proche de ma mère, a abandonné l'école pour s'occuper d'elle. Mon père, qui a été fort courageux, veillait auprès d'elle presque toutes les nuits. Elle souffrait de plus en plus. C'était déchirant. Elle souffrait tellement que je finissais par me dire, en dedans de moi-même, que cette femme que j'adorais, il valait mieux, pour elle, qu'elle meure. J'en venais à souhaiter que tout se termine, à souhaiter l'arrêt de toutes ses souffrances. À dix-neuf, vingt ans, on n'est pas très bien préparé à vivre des émotions comme celles-là. Peut-être ne l'est-on jamais, mais je me sentais terriblement coupable de ce que j'éprouvais. À tel point qu'un jour que j'étais dans ma chambre, à essayer tant bien que mal de me concentrer sur le livre que j'avais à étudier, en entendant ma mère qui souffrait dans la chambre voisine et qui m'appelait, je me suis senti paralysé, incapable de répondre, de me lever, d'aller à elle. Ce jour-là j'ai manqué de courage, le courage de faire face à sa souffrance.

Pour nous, ses enfants, il y avait là quelque chose de terriblement injuste. À l'adolescence, on est particulièrement sensible à l'injustice. On ne parvenait pas à accepter que cette chose puisse lui arriver à elle, à ce moment de sa vie, alors qu'elle avait tant travaillé, qu'elle s'était tant inquiétée pour nous, qu'elle avait fait tant de sacrifices pour nous élever. Nous avons mis du temps à nous remettre de son décès. Je ne sais pas d'ailleurs si nous nous en sommes jamais vraiment remis. Encore aujourd'hui, nous trouvons difficile d'en parler, même entre nous. Sa mort a laissé un trou béant dans nos vies. Quand plus tard j'ai eu des enfants, j'ai réalisé encore plus à quel point elle nous manque. Je m'en rends d'autant plus compte que Michou a ses parents, elle a même ses grands-parents maternels, et je constate à quel point elle en est riche, à quel point c'est important dans notre vie d'avoir près de nous ces gens qui sont notre mémoire, la mémoire de ce que nous sommes.

Mon père ne s'est jamais remarié. Il adorait cette femme-là. Depuis sa mort, la maison paternelle n'a plus jamais changé. Il continue d'y vivre, refusant toujours, à soixante-seize ans, malgré toutes les invitations que je lui ai faites, d'aller vivre ailleurs que dans cette maison où elle a partagé sa vie. Quand ma mère a disparu, j'étais étudiant en droit. Inutile de vous dire qu'à la session de 1978 mes résultats n'ont pas été brillants. Mais je me suis repris par la suite. La vie continue.

La vie de marin

L'été qui a suivi la mort de ma mère, je me suis embarqué à bord d'un navire de la marine marchande. C'était un ami originaire de Sorel qui m'en avait donné l'idée en me racontant que l'été, vers la fin du mois de juin, on manquait souvent de personnel pour combler les postes à bord des navires qui sillonnaient les Grands Lacs. C'était un emploi très bien rémunéré, syndiqué – en fait, c'était ce qui s'appelle en anglais un *closed shop*, c'est-à-dire que c'est le syndicat qui engage, et qu'il n'engage que des travailleurs syndiqués. Cet été-là, Michou avait prévu de faire un voyage en Europe organisé par l'Université du Michigan, un voyage de deux mois. J'ai donc décidé de tenter ma chance et je me suis présenté, trois jours de suite, au local du syndicat international des marins, rue Saint-Jacques à Montréal. Chaque fois que je m'approchais du comptoir, on faisait la sourde oreille, on refusait de me parler, jusqu'à ce que finalement l'un des deux préposés, un homme roux, de forte carrure, daigne me regarder, sans mot dire.

J'essaie alors de lui expliquer que j'aimerais adhérer au syndicat, mais, comme je suis nerveux, m'exprimant en anglais, je m'embrouille dans mes mots et je marmonne :

— *I want to get into the syndicate.*

— *WHAT ?* me répond-il en haussant la voix.

Je prends une grande respiration et je répète.

— Aha! fait-il d'un air entendu, et se tournant vers son compagnon: Charlie! Le p'tit gars veut rentrer dans la pègre!

L'autre, sans broncher, rétorque:

— Dis-lui d'aller sur Saint-Laurent et de chercher une Cadillac blanche!

C'est alors que je me suis rendu compte de ce que je venais de dire. *The syndicate*, en anglais, ça veut dire la mafia! Le lendemain, finalement, il m'a fait signe et j'ai été engagé.

Je me suis embarqué à bord de mon premier navire en pleine nuit, à l'écluse de Saint-Lambert, comme aide-mécanicien. Je me souviendrai toujours de la colère qu'a piquée le chef ingénieur, un Britannique, en me voyant arriver à deux heures du matin dans sa chambre des machines, moi qui n'avais aucune expérience dans ce domaine. Vous avez sans doute vu, dans un film de guerre, une scène où des hommes couverts de sueur s'activent autour des machines. On est dans la cale du navire, un bâtiment de douze étages. On fait des quarts de quatre heures, avec huit heures de repos entre les quarts. La vie à bord m'a fasciné, d'abord à cause d'un contexte qui est unique. Quand on est à bord d'un navire, on n'a pas le choix, on est obligé de s'entendre avec les gens qui sont autour de soi. On ne peut pas partir, on ne peut pas les éviter. Il y a donc un contexte, je dirais même une culture qui est propre au navire. Quand on le vit, on le sent. La vie à bord est très organisée, à tel point que certains marins, lorsqu'ils quittent cette vie-là, n'arrivent pas à s'adapter à la vie à terre. Je me souviens d'un marin, un homme fascinant, âgé de soixante-douze ans, qui avait tenté de prendre sa retraite et qui s'était rendu compte qu'il était devenu incapable de vivre ailleurs qu'à bord d'un bateau. Payer un loyer, un compte de téléphone, faire son épicerie, cuisiner lui avaient semblé des tâches insurmontables. Sur un bateau, ces préoccupations n'interviennent pas dans votre vie. Il y a aussi toute une hiérarchie qui est extrêmement importante pour le fonctionnement de l'équipage. Chacun a son rôle. Cette organisation de la société à bord est d'ailleurs visible, très concrètement, à l'œil nu. Le capitaine et ses assistants résident à l'étage supérieur. Les matelots, les subalternes sont dans la cale.

Cela dit, ce qui m'a le plus captivé, cet été-là, c'est sans contredit la découverte du Canada, de la splendeur, de l'immensité du pays dont j'étais citoyen. Notre première escale étant à Québec, nous avons donc commencé par descendre le fleuve Saint-Laurent. Par chance pour moi, étant donné que je ne connaissais personne à bord, on a tout de suite eu besoin d'un francophone pour agir comme interprète, les autres marins étant originaires d'un peu partout au pays et ne parlant pas beaucoup le français pour la plupart. Ensuite, nous nous sommes arrêtés à Port-Cartier, qui à ce moment-là était pratiquement une ville fantôme. C'était l'été 1979. Je me rappelle avoir vu des rues entières d'édifices, d'immeubles à logement aux fenêtres placardées. Je n'avais jamais vu ça[1]. À Port-Cartier, le navire a pris un chargement de minerai de fer que nous sommes ensuite allés livrer à Cleveland. Cleveland, c'est la grande ville américaine, la ville du fer. C'est Bethlehem Steel. C'est un port immense. Je me souviens d'avoir visité le centre-ville. À sept heures du soir, le centre de Cleveland, ça n'existe plus, ça se vide, et ce sont d'autres gens qui en prennent possession. On installe des grilles dans les vitrines à la fermeture des magasins. Dans un grand magasin dont j'oublie le nom, il y avait des gardes armés de fusils à chaque étage.

Travailler à bord des navires, c'était pour moi tout un défi car, étant gaucher, j'avais le don de toujours tourner les valves dans le mauvais sens... C'était aussi un défi sur d'autres plans. Je songe en particulier à un ingénieur avec

---

[1] Port-Cartier avait été durement touché par la fermeture définitive de l'usine ITT en septembre 1979.

qui j'ai travaillé. C'était un Irlandais qui était arrivé au Canada à l'âge de cinq ou six ans, mais alors que ma famille est irlandaise catholique, la sienne était protestante. Un soir, je suis descendu dans la cale pour commencer mon premier quart, qui durait de minuit à quatre heures du matin, et je me suis très vite rendu compte que cet homme refusait de m'adresser la parole. J'étais complètement dérouté par son attitude, jusqu'à ce que tout à coup je l'entende me lancer entre ses dents : « Assassin ! » Je sursaute, je le dévisage, bouche bée. « C'est ce que vous êtes ! Une bande d'assassins ! Vous avez tué Lord Mountbatten ! » L'IRA venait en effet d'assassiner Lord Mountbatten, le dernier vice-roi de l'Inde, qui avait présidé à l'accession à l'indépendance de l'Inde, qui avait commandé la marine britannique en Asie pendant la Seconde Guerre mondiale, qui était l'oncle du prince Philippe et le grand-oncle préféré du prince Charles… Il lui a fallu toute la nuit et la journée suivante pour se calmer et finalement s'excuser, en disant qu'il s'était emporté, qu'il avait exagéré. C'est quand même incroyable, quand on pense que nous étions là, tous les deux, si loin de l'Irlande, et qu'il m'en voulait à ce point pour une affaire qui ne nous concernait ni l'un ni l'autre.

C'est dire à quel point on peut traîner dans notre mémoire de ces vieilles rancunes culturelles, héritées de générations antérieures, qui font partie de notre histoire et qui peuvent venir s'interposer et, tout à coup, miner les rapports entre des êtres que rien, sur le plan personnel, n'oppose. Cet incident me rappelle quelque chose que ma propre mère, irlandaise catholique comme on sait, me disait lorsque j'étais enfant. Quand, ainsi que cela arrivait de temps à autre, l'un de nous avait le malheur de rentrer à la maison en se plaignant que quelqu'un, à l'école ce jour-là, avait traité notre mère d'Anglaise, celle-ci, pâle d'exaspération, s'emportait : « Je ne suis pas Anglaise ! Je suis Irlandaise ! Ne laisse jamais personne te dire que je suis Anglaise ! » On n'avait aucune idée d'où ça sortait, cette remontrance. Surtout que, dans les Cantons de l'Est, les anglophones et les francophones s'entendaient bien. Les Anglais des Cantons de l'Est n'étaient pas pour la plupart des bourgeois riches ni des *boss* de grandes compagnies. C'étaient des marchands, des ouvriers d'usine. Ils étaient plus ou moins fortunés. Ma mère venait de la campagne, d'un petit village anglophone, son père était marchand de bois, ce n'étaient pas des gens riches. Encore aujourd'hui, dans les Cantons de l'Est, on trouve des anglophones de tous les milieux. Ils sont agriculteurs, commerçants, je les croise aux portes des usines. Quand ces gens-là sont nos voisins, c'est un peu comme à bord d'un bateau, on ne peut pas se permettre de les méconnaître, ni d'avoir des préjugés. On partage le même mode de vie, le même travail, la même école. Quand il arrive un malheur chez un de nos voisins, on ne peut pas non plus rester insensible. On a les mêmes préoccupations, les mêmes espoirs. Cette réalité a très tôt fait partie de notre vie. La Sherbrooke High School était située à côté de chez nous. On en croisait les élèves, les professeurs, dans la rue tous les jours. Pour mettre tout cela en perspective, mon opinion des relations entre anglophones et francophones dans les Cantons de l'Est est basée sur l'expérience vécue. C'étaient de bonnes relations, empreintes sans doute d'une dose de méfiance, car nous avions des sensibilités différentes. Cependant, il y avait, sur le plan social, une saine pression pour s'entendre, pour faire en sorte que ça marche, pour ne pas critiquer gratuitement l'autre. C'est comme sur un bateau, ou dans un pays. Il fallait que ça marche, cette affaire-là.

Revenons, justement, à bord de mon navire. J'ai beaucoup appris cet été-là, en particulier sur l'économie du pays. Nous chargions du minerai de fer en vrac que nous allions livrer à Cleveland, pour remonter ensuite jusqu'en haut du lac Supérieur. À Thunder Bay, on prenait un chargement de grain qui arrivait de l'Ouest canadien, et on repartait sur les Grands Lacs, pour redescendre le Saint-Laurent jusqu'à

Québec ou Baie-Comeau. C'est cet été-là que j'ai écrit à mon père pour lui annoncer que j'avais l'intention de demander à Michou de m'épouser. Je savais qu'il ne serait pas d'accord, qu'il penserait que ce n'était pas une bonne idée, qu'à vingt ans j'étais trop jeune pour me marier, sauf que, comme je le lui disais dans ma lettre, ma décision était prise et je souhaitais qu'il puisse l'accepter et même l'appuyer. Ayant en main l'itinéraire de Michou, je l'ai contactée en Grèce, par téléphone, et je lui ai demandé, de but en blanc, de ma cabine téléphonique à l'autre bout du monde, de m'épouser. Heureusement pour moi, elle a accepté. Je lui ai écrit aussi. J'ai beaucoup écrit, cet été-là. Beaucoup lu, aussi. Beaucoup réfléchi, surtout. Je lisais énormément entre les quarts de travail. J'ai lu un livre sur le *Bill of Rights* américain, car c'était l'époque où l'on discutait de charte des droits. Un autre livre m'a marqué : *Master Mariner*, de Nicholas Monsarrat, qui raconte l'histoire de ce marin condamné à vivre à travers les âges, qui fait toutes les grandes guerres, est témoin de tous les grands moments de l'Histoire. Ces quelques mois à bord des navires ont été pour moi une période de réflexion, de recueillement, de découverte de soi, d'épanouissement sur le plan spirituel aussi. J'ai fait un jeûne de dix jours, tout en travaillant, qui m'a permis de me sonder moi-même assez profondément.

À la rentrée, je suis retourné à l'université. C'était la dernière année de mes études avant l'examen du barreau. Les sujets qui m'intéressaient le plus étaient le droit constitutionnel (j'ai d'ailleurs obtenu ma meilleure note dans cette matière), les libertés publiques (je m'intéressais, on l'a vu, au *Bill of Rights* américain), la rédaction et l'interprétation des lois. J'ai eu la chance d'avoir des professeurs exceptionnels, dont un en particulier, Michael Krauss, qui est à Washington aujourd'hui. Il nous mettait au défi, nous forçait à nous dépasser, à apprendre à raisonner par nous-mêmes. Michael Krauss avait lancé un des seuls débats politiques auxquels je me sois vraiment intéressé pendant mes études universitaires, à savoir la confessionnalité du système scolaire. Américain d'origine juive, Michael posait la question de la liberté religieuse dans l'enseignement à l'Université de Sherbrooke, qui a une charte confessionnelle et qui, entre autres pour des raisons politiques, a choisi de la conserver pour éviter l'intégration au réseau des « universités du Québec ». Si je me suis intéressé à ce débat, c'est que mes racines se prêtaient justement à ce genre de questionnement. J'ai participé à un comité qui se penchait sur la question de la confessionnalité de l'Université de Sherbrooke. Cet intérêt a refait surface plus tard quand nos enfants sont nés. Nous n'avons pas voulu les faire baptiser immédiatement. Cela nous agaçait qu'au Québec, entre autres, sur le plan tant religieux que moral, on se soit mis « sur le pilote automatique ». Cela nous sert mal. Nous sommes désignés comme catholiques sans savoir pourquoi et, comme l'État assume pour nous cette responsabilité-là, qui devrait être l'un des engagements les plus personnels, nous ne nous obligeons pas à nous questionner sur nos valeurs morales, ni sur le cadre qu'on désire leur donner. C'est un débat qui reste à faire, en dépit des récents changements constitutionnels ayant permis de créer des commissions scolaires linguistiques au Québec, qui représentent un progrès évident.

Avocat à la cour

En 1980, j'ai obtenu mon baccalauréat en droit. Le jour où j'ai reçu mon diplôme, je suis sorti arroser ça avec des camarades. Quand je suis rentré, mon père était déjà couché. J'ai laissé mon diplôme sur le coin de la table de la salle à manger. Le lendemain, mon père est entré dans ma chambre alors que je dormais encore. Il avait mon diplôme dans les mains et il était très ému. Il m'a dit: «Tu sais, ton grand-père ne savait ni lire ni écrire. (Il ne m'en avait jamais rien dit auparavant.) Ta mère serait très fière de toi.»

Diplôme en main, au printemps 1980, je suis retourné travailler sur les Grands Lacs. Michou et moi nous entendions sur le fait que, pour avoir suffisamment d'argent pour nous marier, j'allais devoir faire une autre saison sur les navires. Dès les examens terminés à la faculté, je me suis rendu à Saint Catherine's, en Ontario, où il y avait un bureau du syndicat proche du canal Welland. Je me suis embarqué sur un navire qui faisait la navette entre Sault-Sainte-Marie et Windsor, en Ontario. Au Québec, pendant ce temps-là, la campagne référendaire sur la souveraineté-association battait son plein. Tout le monde suivait ça, à bord du bateau. Il y avait beaucoup de débats. Parfois, les esprits s'échauffaient, les sensibilités étaient à vif, il fallait faire attention. Comme j'étais à l'extérieur du Québec, je n'ai pas pu voter au référendum.

C'est sur les navires que j'ai rencontré pour la première fois des gens de partout au Canada. Je me souviens en particulier de mon premier contact avec un chef cuisinier originaire de Terre-Neuve. Je ne comprenais pas un mot de ce qu'il me disait ! Je pensais : « Coudonc, il vient d'où, lui ? » Les gars qui venaient du Cap-Breton aussi, c'étaient des personnages. Eux aussi, il a fallu apprendre à les comprendre et à les connaître. C'était toute une éducation.

Je suis revenu à terre trois jours, le temps de me marier, de passer quarante-huit heures à Québec (une lune de miel de deux jours !), et je suis reparti sur les navires. Le dernier navire sur lequel je me suis embarqué était un cargo de la Canada Steamship Lines, une compagnie appartenant à Paul Martin. Je travaillais douze heures par jour, sept jours par semaine, et j'étais un peu plus aguerri à la vie de marin que l'année précédente. De sorte que, quand on passait à l'écluse de Beauharnois, je débarquais, ce qui me donnait exactement vingt-quatre heures pour rattraper le navire à Québec. Michou m'attendait dans notre voiture, une Mini-Austin que ses parents lui avaient achetée. On descendait à Sherbrooke, on passait quelques heures ensemble et on filait vers Québec, où l'on attendait le bateau-pilote qui me permettrait de rejoindre mon navire. À la fin de cet été-là, j'avais amassé pas mal d'argent, sans compter que Michou et moi avions également reçu des prêts et bourses. J'ai donc préparé mon entrée au barreau, tout en continuant à travailler dans une succursale de la Société des alcools. Nous avons néanmoins vécu très « serré » cette année-là. À l'automne, quand j'avais aidé mon père à fermer le chalet, il m'avait donné des boîtes de conserve qui restaient. Au printemps suivant, notre garde-manger étant vide et nos réserves d'argent pratiquement à sec, on a commencé à faire la tournée de la famille. Mes beaux-parents trouvaient qu'on allait manger plus souvent chez eux. Mon père aussi nous disait : « C'est donc gentil de venir me visiter plus souvent. » La vérité, c'était que nous commencions à manquer d'argent. Ce n'était pas la grande misère, loin de là, d'ailleurs on en rit aujourd'hui, mais c'était vraiment serré.

Cette année-là, Michou a commencé à enseigner comme orthopédagogue, et moi, à pratiquer le droit, d'abord à l'aide juridique pendant six mois, à la section criminelle. C'étaient des pratiques dites « à volume ». On est à la cour tous les jours. On plaide. À la Cour municipale, surtout pour les sessions de la Paix, mais aussi à la Cour supérieure et à la Cour d'appel. Par la suite, je suis entré dans un cabinet privé à Sherbrooke, celui de Michel Beauchemin et de Michel Dussault. J'y pratiquais le droit criminel, « à volume », et ce dans un contexte extrêmement compétitif. C'était la période de rodage après l'entrée en vigueur de la Charte canadienne des droits et libertés. Comme je débutais et que j'avais souvent à affronter des confrères plus expérimentés, je m'arrangeais pour être mieux préparé, quitte à travailler toute la nuit au besoin. Quand je me présentais à la cour le lendemain, j'en avais, de la jurisprudence. Cette période-là a été une grande école de vie pour moi. Les avocats qui pratiquent le droit criminel vous diront qu'on est en contact quotidien avec une certaine misère humaine qu'on ne verrait jamais autrement. D'ailleurs, j'ai réalisé plus tard que j'étais très jeune pour côtoyer ce milieu-là. À vingt et un, vingt-deux ans, surtout quand on a été élevé dans l'amour, dans la stabilité, la discipline, avec certaines valeurs, certains principes de vie comme cela avait été mon cas, on n'est pas bien préparé à affronter les réalités d'un tel milieu. Claude Leblond, mon premier patron à l'aide juridique, trouvait que je passais beaucoup de temps avec mes clients au bureau pour essayer de les aider. Il m'avait dit: «Jean, tu sais, ton client a droit au meilleur service possible de la part de son avocat. Si tu essaies de devenir son travailleur social, tu le prives des services d'un bon avocat. Occupe-toi donc du côté juridique. Le côté aide sociale, laisse ça à son travailleur social. » C'était un sage conseil.

Les procès devant juge et jury m'ont beaucoup appris sur la nature et la condition humaines. C'est à ce moment-là que j'ai découvert le très grave problème de l'analphabétisme, problème dont j'ignorais l'ampleur dans un pays comme le nôtre, l'un des plus riches du monde industrialisé. On parle après tout du début des années 1980. La plupart de mes clients étaient des hommes qui avaient entre quinze et vingt-cinq ans. Certains ne savaient ni lire ni écrire et, à cause de cela, vivaient dans une sorte de prison sociale. Ils avaient souvent des problèmes de pauvreté extrême, mais aussi, sur le plan social, ils souffraient d'une absence de maturité qui les rendait incapables de gérer le genre de conflits, de contrariétés qui sont monnaie courante dans la vie de tous les jours. On ne pouvait pas se contenter de les juger, il fallait essayer de les comprendre. Le sort de ces jeunes, qui, à l'époque, avaient mon âge, m'a désolé. Une des premières causes que j'ai plaidées concernait un jeune qui avait un problème de polytoxicomanie, c'est-à-dire à la fois de drogue et d'alcool. Or, il n'existait à ce moment-là aucune ressource pour aider quelqu'un de cet âge. Au Québec, il n'y avait pas d'endroit où envoyer un jeune toxicomane. Même Portage, qui, à ce moment-là, accueillait des adultes, n'avait pas encore commencé à se spécialiser dans le traitement des adolescents, qu'on ne peut pas, on le sait maintenant, traiter de la même façon que des adultes. Ces expériences m'ont marqué et m'ont influencé dans ma vie politique. Ce n'est pas par hasard que plus tard, je me suis intéressé à la mise sur pied de programmes d'alphabétisation, et, en particulier, à une initiative visant à encourager la poursuite des études, le programme « L'école avant tout », qui tentait de répondre au problème du décrochage scolaire. Les problèmes des jeunes sont toujours restés pour moi une préoccupation de premier plan.

Le goût de servir

J'avais fait environ huit procès devant juge et jury quand un gros cabinet de Sherbrooke m'a proposé un poste, en droit du travail. J'ai décliné l'offre parce que je ne voulais pas faire partie d'un gros bureau. Je sentais que je n'allais pas pouvoir jouir de la liberté que je souhaitais avoir. Ce besoin d'autonomie, je le tiens sans doute de mon père qui a toujours été maître de ses affaires et pour qui il était très important d'être son propre patron. C'est à ce moment-là que j'ai recommencé à m'intéresser à la vie publique. J'avais vingt-quatre ans. J'étais un peu à la croisée des chemins. Je me rappelais ce que ma mère m'avait dit sur la nécessité de donner un sens à ma vie. Je savais déjà que je n'allais pas faire carrière dans le droit criminel. Ce n'était pas un milieu où je croyais pouvoir accomplir ce que je désirais faire. Par contre, le droit maritime m'attirait beaucoup. J'avais entrepris des démarches pour faire une maîtrise en droit maritime à l'université Tulane en Louisiane. J'avais été tellement impressionné par mon expérience à bord des navires que je m'étais dit : « Tiens, ça doit être une pratique intéressante. » Michou, pour sa part, s'intéressait à un programme offert par le ministère de l'Éducation du Québec pour l'enseignement du français en Louisiane. Elle aussi avait entrepris des démarches.

En attendant, tous les dimanches soir, on allait manger chez mon père, à Sherbrooke ou au chalet. Souvent, mon frère Robert, mon père et moi, nous restions un moment dans la cuisine pour jaser de toutes sortes de choses, y compris de politique. Un dimanche, mon père nous a fait remarquer que le congrès du Parti conservateur venait d'avoir lieu à Winnipeg. Il y avait eu un vote de confiance que le chef, Joe Clark, avait jugé insuffisant, et il avait convoqué un congrès à la direction du Parti. Mon père, sachant que je m'intéressais depuis un certain temps déjà à la politique, s'est tourné vers moi. « Eh bien, là, ce serait le temps, m'a-t-il dit. Il va se passer des choses intéressantes. » Je me suis renseigné pour savoir qui, à Sherbrooke, était d'allégeance conservatrice. Pierre Gagné, un psychiatre légiste qui était actif dans le Parti conservateur, m'a recommandé de m'adresser à Denis Beaudoin, l'organisateur de Joe Clark dans la région. En réalité, je m'intéressais davantage à la candidature de Brian Mulroney, mais ces décisions-là se prennent parfois d'une drôle de façon. On a tendance à sous-estimer le facteur humain en politique. Les politicologues, entre autres, donnent parfois trop d'importance à l'aspect théorique. Ils oublient la dimension humaine, qui est extrêmement importante et qui explique bien des choses. Comme cela arrive souvent en politique (dans une course aux délégués à un congrès, ce n'est pas très mystérieux : bien souvent, c'est premier arrivé, premier servi), Beaudoin est venu me voir et m'a rappelé la fermeté avec laquelle Joe Clark avait défendu les intérêts du Québec, envers et contre tous, au moment du rapatriement de la Constitution, et j'ai été sensible à ses arguments. J'avais en effet suivi de près les événements entourant l'adoption de l'Acte constitutionnel de 1982. Pour le Québécois que je suis, la place du Québec dans le Canada a toujours été une question d'intérêt primordial, et les prises de position de Clark sur cette question m'avaient plu. Tous ces éléments mis ensemble ont fait que j'ai décidé d'appuyer Clark.

Michou à l'époque était enceinte d'Amélie, notre première enfant. Quand je suis revenu à la maison après avoir rencontré Denis Beaudoin et que je lui ai annoncé que j'avais décidé de participer à la préparation des assemblées de mise en candidature pour choisir les délégués au congrès, elle était inquiète. Elle n'aimait pas du tout la politique. Elle venait d'une famille d'allégeance plutôt libérale et voyait tout cela d'un très mauvais œil. Me connaissant, elle savait que j'allais m'engager à fond, que j'allais m'y consacrer totalement. Là-dessus, Beaudoin a été de très bon conseil. Selon lui, il n'y avait qu'une façon de concilier tout ça : il fallait que Michou s'engage aussi, ce qui n'était pas simple parce qu'elle était enceinte. L'assemblée de mise en candidature, que nous avons gagnée, a eu lieu un jour ou deux après la naissance d'Amélie. Nous avions vendu beaucoup de cartes de membre. Malgré le fait que la campagne de Mulroney dans la région était dirigée par Pierre-Claude Nolin, nous avions réussi à remporter la *slate,* comme on dit dans le jargon politique. Je suis donc allé fêter ça à l'hôpital avec Michou. Je me souviens même avoir collé des macarons de Clark sur la porte de sa chambre.

Le congrès, qui a eu lieu au mois de juin, nous a permis de prendre nos premières vacances ensemble après la naissance d'Amélie. Michou m'a accompagné en se disant qu'elle allait quand même donner un coup de main et, pour finir, elle est entrée dans le jeu. Pendant tout le congrès, elle s'est levée à quatre heures du matin pour glisser les tracts pro-Clark sous les portes des chambres de l'hôtel. Ironie du sort, elle faisait partie, avec Louise Lareau, ma belle-sœur, de l'équipe qui a décoré la salle de bal pour le party de la victoire de Joe, lequel n'a jamais eu lieu. Dix ans plus tard, presque jour pour jour, dans la même salle de bal, c'était nous qui nous inclinions devant Kim Campbell, le leader choisi par les troupes conservatrices pour les mener à la bataille électorale de 1993. Et Joe Clark, comme je l'avais fait pour lui dix ans plus tôt, m'avait appuyé à son tour.

Pour Michou, sur le plan personnel, ce congrès de juin 1983 a été une révélation. Elle y a pris beaucoup de plaisir et, à partir de ce moment-là, a partagé pleinement mon engagement dans la vie publique. On a fait cela ensemble. Heureusement, parce qu'autrement la vie en politique peut être très difficile. Pour ma part, je venais d'entrer dans une autre arène, où j'avais le sentiment qu'il était possible, avec des convictions, du travail et de la persévérance, d'influencer le cours des événements, de changer les choses. Je me suis rendu compte que c'était important pour moi, que ce pays marche. Je croyais et je crois encore, passionnément, à ce partenariat qu'est le Canada.

J'ai été critiqué, récemment, pour avoir dit que c'était grâce à ce partenariat que les Québécois francophones, dont je suis, ont réussi à préserver leur langue, leur culture et leur façon bien à eux de faire les choses. Au lieu de nous assimiler au melting-pot américain, nous sommes passés de 60 000 francophones en 1763, au moment de la signature du traité de Paris qui cédait l'Amérique du Nord à l'Angleterre, à 6,5 millions de francophones, rien qu'au Québec ; 7,5 millions en comptant les francophones des autres provinces ; le quart de la population canadienne. Pourquoi ? Il faut comprendre notre histoire. La reconnaissance du droit à notre langue, à notre religion, à notre système de droit civil remonte à l'Acte de Québec en 1774, presque cent ans avant la Confédération. Il faut se replacer dans le contexte de l'époque. Une situation prérévolutionnaire existait déjà dans les Treize Colonies américaines. C'était deux ans avant leur déclaration d'indépendance. L'Angleterre s'est rendu compte qu'elle n'avait aucune chance de préserver son territoire, compte tenu des ambitions des Américains, si elle ne concluait pas une entente avec les francophones qui habitaient ce coin-ci du continent. Pour leur part, nos ancêtres ont eu l'intelligence et la prévoyance de comprendre qu'ils avaient le choix entre assurer leur survie culturelle ou risquer d'être absorbés par la nouvelle république anglophone qui se trouvait plus au sud. C'est ce pacte, fondé sur une reconnaissance lucide d'intérêts mutuels, qui a formé la base du partenariat canadien.

Malgré tous les hauts et les bas que nous avons connus au cours de notre histoire, ce pacte initial a tenu. Cela dit, où est-il écrit que, parce qu'on conservait notre liberté et notre droit de parler notre langue, de l'enseigner, de l'employer devant nos tribunaux et dans notre assemblée législative, que c'était donné, que c'était acquis, qu'il n'allait pas falloir faire preuve d'une extrême vigilance, compte tenu du contexte nord-américain, pour continuer à transmettre le français à nos enfants? Oui, nous avons dû lutter sans relâche pour assurer la survie de notre langue et de notre culture, mais, sans les partenaires et les leaders que nous nous sommes donnés tout au long de notre histoire, nous aurions subi le même sort que les francophones de Nouvelle-Angleterre ou de Louisiane.

Trop souvent chez nous on fait l'erreur de penser que s'il y a eu par le passé des conflits, des erreurs, des désaccords, c'est que c'est la règle et non l'exception. L'Acte d'Union, c'est évident, ce n'était pas la trouvaille du siècle pour les francophones, mais l'Acte d'Union, ça n'a pas marché! C'est le genre d'erreur de parcours qu'il faudrait peut-être cesser de monter en épingle comme si elles avaient vraiment eu des répercussions concrètes. La réalité, c'est que le Canada de nos débuts est devenu une démocratie, avec un gouvernement responsable, et que les partis politiques ont compris que, pour pouvoir gouverner, c'est-à-dire obtenir une majorité à l'Assemblée législative, les Anglais et les Français allaient devoir se respecter et travailler ensemble.

L'autre dimension qu'on oublie trop souvent, c'est que dans une relation, quelle qu'elle soit, il faut travailler pour que ça marche. Ce n'est pas en se croisant les bras, en critiquant, en accusant constamment l'autre, qu'on parvient à résoudre les différends et qu'on fait avancer les choses. En politique comme dans une relation, il n'y a jamais rien de fini. Il y a au Canada, y compris au Québec, des gens qui, de façon simpliste, s'exaspèrent de constater que, sur la question de l'unité nationale, « ce ne sera jamais fini ». Mais demandez-vous un instant si vous vous êtes jamais assis avec votre conjoint, un matin, pour lui dire : « Aujourd'hui, cher, on va avoir une discussion, et puis après, ça va être fini, on n'en parlera plus, tous nos problèmes seront réglés. On a vingt-huit ans tous les deux, mais plus jamais on n'aura de discussion de notre vie. » Ce n'est pas comme ça que ça marche dans une relation, qu'il s'agisse d'un mariage, d'une entreprise ou d'un pays.

L'apprentissage du pouvoir

À l'assemblée d'investiture du Parti progressiste-conservateur dans le comté de Sherbrooke, le 15 mai 1984, je n'étais pas le favori. Il y avait un autre candidat de taille, monsieur Claude Métras, qui avait l'appui du Parti, qui avait le double de mon âge et qui aurait fait un très bon député aussi. Il a fallu que je me batte, et l'expérience m'a beaucoup appris. En politique, lors d'une course à l'investiture d'un parti dans un comté, vous êtes laissé à vous-même. C'est un test important, qui met à l'épreuve votre débrouillardise, votre capacité de vous organiser par vous-même, de trouver des collaborateurs, de monter une campagne. En politique, en effet, on est beaucoup plus autonome, dans l'organisation de notre travail, dans les priorités qu'on se fixe, que les gens ne le pensent généralement. L'assemblée de mise en candidature a donc été chaudement disputée. C'était d'ailleurs un signe avant-coureur de ce que l'élection nous réservait. Quand on se bouscule au portillon d'un parti politique, il y a là, au-delà des sondages du moment, un signe précurseur.

J'ai donc été confirmé candidat conservateur dans Sherbrooke. John Turner pendant ce temps-là est devenu le nouveau chef du Parti libéral fédéral, qui, du coup, a connu une remontée dans les sondages, et les élections ont été déclenchées rapidement. Au Québec, les conservateurs partaient de loin, puisque nous avions plusieurs points de recul sur les libéraux dans l'opinion publique. Pourtant, il existe des tendances lourdes, comme la volonté de changement, qui peuvent être masquées de façon ponctuelle par des sondages, mais qui refont surface dans une campagne électorale. Dans le cas de l'élection de 1984, les libéraux étaient au pouvoir depuis très longtemps, et il y avait une sorte d'expiration de mandat dans l'esprit du public. Il y avait aussi une volonté de rassemblement, une volonté de tourner la page sur un débat concernant l'avenir du pays qui avait été difficile. Tout cela se conjuguait pour faire une campagne comme on en voit rarement dans nos carrières, où l'on est emporté par la vague. C'est fantastique quand on est du bon côté de la vague, terrible pour ceux que la vague balaie devant elle. D'ailleurs, on apprend beaucoup dans ces périodes-là. Quand on arrive à la Chambre des communes, les premiers mois, on est gonflé à bloc, on regarde ses adversaires de haut, on est un peu aveuglé par tout ça. Avec le temps, on finit par réaliser que le vrai mérite de ceux et celles qui sont à l'intérieur de ce parlement-là se trouve moins du côté de ceux qui ont été avantagés par la vague que de ceux qui ont, par leurs propres moyens, réussi à survivre. Mais ça, généralement, ça prend quelques années avant de le comprendre et de l'apprécier. Certains ne le font jamais et finissent par en subir les conséquences.

J'ai eu beaucoup de chance au début de ma carrière en politique. J'avais vingt-six ans. J'étais nouveau au Parlement, mais le premier ministre Mulroney avait eu des échos favorables à mon sujet venant de gens qui étaient proches de lui, comme Michael Meighen, qui plus tard est devenu sénateur, et George MacLaren, qui était un de mes amis intimes à Sherbrooke. Il m'a donc nommé vice-président adjoint à la Chambre des communes, un titre très long, qui signifiait que j'étais l'un des quatre députés (à savoir le président de la Chambre, le vice-président et ses deux adjoints) qui arbitraient les débats en Chambre. En réalité, c'était une chance extraordinaire. J'avais un siège réservé pour observer de près le fonctionnement du Parlement fédéral. Cela m'a permis d'apprécier la qualité de ce forum, d'en connaître les meilleurs orateurs, ainsi que les pires. J'ai appris l'importance de connaître les règlements de la Chambre. Un homme ou une femme politique, si compétent soit-il dans d'autres domaines, ne peut pas se permettre de perdre la face à la Chambre des communes. Cela dit, on peut réussir en politique sans nécessairement se distinguer à la période des questions. Ce ne sont pas tous les élus qui sont de grands parlementaires dans le sens classique du terme, mais on ne peut pas non plus échouer dans cette arène. Si on échoue, brusquement cela éclipse tout le reste.

En même temps, sur le plan personnel, Michou et moi avons été appelés à faire des choix qui se sont avérés salutaires. Une des recommandations qui nous avaient été faites après l'élection venait de Denis Beaudoin, qui avait été mon directeur de campagne. Lui et son père, Léonel Beaudoin, qui avait été député créditiste de Richmond, nous ont fortement conseillé de déménager à Ottawa, Michou et moi, avec notre fille Amélie qui n'avait alors qu'un an et demi. Ils nous ont dit : « Si vous voulez vous donner toutes les chances possibles, si vous ne voulez pas manquer votre mariage et si vous voulez avoir une carrière politique qui vous donne un minimum de vie familiale, on vous recommande d'aller vivre à Ottawa et de le dire publiquement. Dites aux gens de Sherbrooke pourquoi vous faites ce choix. Par la suite, ce sera à vous de prouver à la population que vous les servez bien, mais évitez de créer une situation où les gens l'apprennent par la bande un an plus tard, comme si vous les aviez graduellement abandonnés. » Nous avons suivi ce conseil et c'est une des meilleures décisions que nous pouvions prendre, d'abord parce que ça nous rapprochait et parce que ça nous permettait de passer le plus de temps possible ensemble et avec chacun de nos enfants. Cependant, c'était aussi une transition qui avait ses exigences. Michèle, en arrivant à Ottawa, ne parlait pas l'anglais aussi bien qu'elle l'aurait voulu et, sur le plan professionnel, elle devait faire des sacrifices.

J'ai donc passé mes deux premières années à Ottawa à me familiariser avec le travail parlementaire. J'ai reçu d'autres très bons conseils. Par exemple, il y a plusieurs associations parlementaires à Ottawa, mais des gens qui avaient un peu d'expérience m'ont recommandé de m'intéresser à l'Association interparlementaire Canada-États-Unis. C'était le groupe le plus sérieux, le plus influent. Les autres associations parlementaires ont de la valeur, mais pas autant sur le plan des enjeux, sur le plan des rencontres qu'on pouvait faire aussi. À la veille du débat que nous allions engager sur le libre-échange, ce forum m'a appris à me familiariser avec les problèmes qui touchent les deux pays et à en connaître les principaux acteurs, ce qui m'a été fort utile plus tard lorsque je suis devenu ministre de l'Environnement.

Cette première partie de mon mandat, de 1984 à 1988, a été intéressante aussi parce que j'ai eu à régler un important problème régional. La compagnie Domtar à Windsor s'était vue refuser une subvention fédérale pour un projet de modernisation de ses installations. Cela avait provoqué un tollé terrible dans la région. Comme j'étais à la fois membre du gouvernement et député de la région des Cantons de l'Est, mes talents de député ont été mis rudement à l'épreuve. Ce que j'en retiens surtout, c'est que cela m'a permis de départager l'essentiel de l'accessoire, à savoir que ma priorité devait être de défendre les intérêts de ma région et des gens qui m'avaient élu. Le défi consistait à faire changer une décision rendue, en trouvant le moyen de défendre ce dossier avec beaucoup de vigueur, de l'intérieur du gouvernement, sans pour autant devenir un dissident.

Ces deux premières années m'ont également permis d'apprécier la valeur de l'expérience. Le caucus conservateur du Québec avait très peu de députés d'expérience. Au début, quand une tempête politique éclatait, il était difficile pour nous de distinguer un orage passager d'un véritable ouragan, et de savoir si un incident qui faisait la manchette dans les médias allait avoir des conséquences à long ou à court terme. Nous en avons payé le prix. Le gouvernement Mulroney tout entier a payé le prix de son inexpérience pendant les quatre premières années de son mandat. Ce sont des leçons que l'on n'oublie pas. Très jeune, cela m'a appris à rechercher l'avis de personnes qui avaient une expérience en politique, qui pouvaient me guider et m'aider à reconnaître et à départager les enjeux ayant des répercussions à plus long terme, et à comprendre l'ensemble des conséquences d'un geste politique.

Le dossier « jeunesse »

Le 25 juin 1986 a eu lieu un remaniement ministériel majeur dont le but était de donner au gouvernement un nouvel élan, une nouvelle image, de « réénergiser » en quelque sorte le mandat du gouvernement fédéral. J'ai été nommé ministre d'État à la Jeunesse, le lendemain de mon vingt-huitième anniversaire. Je suis arrivé à mi-mandat dans un ministère qui avait été sous les feux de la rampe en raison de compressions que le gouvernement avait faites, entre autres dans un programme appelé Katimavik. Le sénateur libéral Jacques Hébert avait même entrepris une grève de la faim qui avait fait beaucoup de bruit.

Le premier ministre Mulroney avait décidé de changer la structure de son ministère, en transférant le ministère d'État à la Jeunesse du Secrétariat d'État au ministère de l'Emploi et de l'Immigration, un très gros ministère qui comptait alors, si je me souviens bien, quelque vingt-deux mille fonctionnaires. Ce faisant, il montrait que son gouvernement accordait une importance accrue au problème de l'emploi pour les jeunes. Il m'a donc demandé de préparer une politique « jeunesse ». Il avait d'ailleurs mis sur pied un comité de travail, présidé par Michel Gaucher et formé d'experts venant de l'extérieur du gouvernement, à qui il avait demandé de faire des recommandations

concernant une politique «jeunesse» pour le gouvernement fédéral.

J'ai énormément appris alors sur la structure du gouvernement. La tendance à l'époque était aux ministères
d'État, par l'entremise desquels les gouvernements tentaient de se faire le reflet de la société. Par exemple, si les
jeunes devenaient un enjeu politique majeur, on créait un
ministère d'État à la Jeunesse. Plus tard, vous ne serez pas
surpris d'apprendre qu'on a ouvert un ministère d'État au
Troisième Âge. Mais, en déstructurant le gouvernement de
la sorte, dans le but d'ouvrir des portes à différents groupes
de la société, le prix à payer était une structure moins cohé-
rente. Ce qu'on gagnait en accessibilité pour eux, on le
perdait en efficacité et en volonté politique au sein de l'appareil gouvernemental. En termes pratiques, on me demandait de coordonner tout ce que le gouvernement fédéral
faisait pour les jeunes. Or, j'ai très vite appris que, dans les
structures de gouvernement, il est à peu près impossible de
coordonner dans le bas de la pyramide. La coordination ne
fonctionne que dans le haut de la structure, là où l'on est en
mesure de commander, d'exercer une certaine autorité
morale. D'ailleurs, un peu plus tard, alors que les membres
du gouvernement Bourassa nouvellement élu envisageaient
la création d'un ministère de la Jeunesse au Québec, ils
nous ont contactés pour savoir quelle avait été notre expérience. Nous leur avons recommandé, s'ils voulaient faire
quelque chose de significatif, de créer plutôt un secrétariat
à l'intérieur du Conseil exécutif, afin que la coordination
des diverses mesures destinées aux jeunes, et relevant de
différents ministères, puisse bénéficier de tout le poids
moral du premier ministre. Ça, leur a-t-on dit, ce serait
efficace.

Entre-temps, nous voilà donc laissés à nous-mêmes. Il
faut savoir que les ministres d'État reçoivent leur mandat de
leur ministre sénior. Dans mon cas, c'était Benoît Bouchard
qui était ministre de l'Emploi et de l'Immigration. Sur le

plan humain, sur le plan du travail, c'est un peu comme si on obligeait deux enfants à partager le même carré de sable en disant à l'un d'eux : « C'est toi qui décides comment ça va fonctionner. » Je simplifie, mais il reste que la relation entre un ministre sénior et son ministre d'État est souvent difficile. La négociation de mon mandat avec Benoît Bouchard a donc pris un certain temps. Au départ, j'étais responsable du programme d'emplois d'été pour les étudiants, mais j'ai finalement obtenu ce que je voulais, c'est-à-dire la responsabilité de préparer une politique « jeunesse » comme le premier ministre me l'avait demandé. J'ai eu la chance de travailler avec un sous-ministre extraordinaire, un sous-ministre associé qui s'appelait John Edwards, que certains de mes amis connaissaient déjà. J'aimerais souligner en passant un aspect important de mon apprentissage politique, car c'est à ce moment-là que j'ai appris à apprécier la fonction publique canadienne. En effet, nous avons la chance au Canada d'avoir une fonction publique extrêmement compétente, qui est capable de contribuer de façon très substantielle au développement du pays. Je le mentionne parce qu'on sous-estime l'importance, pour ce qui est de notre compétitivité dans l'arène internationale, d'avoir une fonction publique qui est à la hauteur de nos aspirations. C'est un élément clé de notre développement. À ne pas confondre, en passant, avec la taille de la fonction publique et la lourdeur bureaucratique. Ce dont je parle, c'est d'avoir à l'intérieur du gouvernement des hommes et des femmes compétents, capables d'aider ceux et celles qui gouvernent à bien préparer leurs choix.

Ce qui m'amène à ajouter qu'on ne peut pas blâmer la fonction publique pour une mauvaise administration gouvernementale. Ce que mon expérience m'a appris, c'est que les fonctionnaires ne demandent pas mieux que d'avoir un ministre qui a un plan, qui sait où il va, qui donne des directives claires. Il est dans l'intérêt de chaque ministère d'avoir un ministre capable de défendre ses dossiers à la table du cabinet. L'inverse est aussi vrai. Si un ministre est faible, n'a pas de plan, n'a aucune idée de ce qu'il veut faire, la nature ayant horreur du vide, les fonctionnaires vont le combler. On ne doit pas s'attendre à autre chose. Évidemment, dans une situation comme celle-là, ils vont pousser les priorités qu'ils pensent être les bonnes, selon leurs perspectives à eux, et qui ne sont pas nécessairement les mêmes que celles d'un gouvernement élu, lequel représente l'ensemble de l'électorat. On ne peut pas les en blâmer. Pour moi, la conclusion est fort simple. C'est aux hommes et aux femmes politiques d'assumer leurs responsabilités, tout en s'assurant d'attirer au service de l'État les gens les plus compétents possibles.

Les fonctionnaires qui me secondaient ont travaillé d'arrache-pied pour m'aider à construire la politique « jeunesse » que le premier ministre m'avait commandée. Nous nous sommes lancés là-dedans corps et âme. Sur le plan de la méthodologie en politique, j'ai appris qu'il y a certaines étapes à respecter pour parvenir à élaborer des politiques qui vont finalement coller à la réalité et durer. D'ailleurs, le vrai test de la valeur de nos politiques, c'est de vérifier si elles ont été à ce point pertinentes qu'elles ont pu nous survivre. Quand on lance une initiative qui nous survit, il y a là un indice que c'était quelque chose de valable, d'utile et de vrai.

Nous avons d'abord consacré toute notre énergie à redéfinir les enjeux. Ainsi, il s'était fait beaucoup de débats autour de Katimavik, il y avait eu une espèce de cri du cœur. Cependant, j'ai découvert en arrivant au ministère que, dans le passé, on avait fait très peu d'efforts pour tenter de circonscrire les véritables problèmes que connaissait la génération montante de Canadiens. Au Canada comme ailleurs, chaque génération de jeunes vit des problèmes qui lui sont propres. C'est dans le cours normal des choses, et les problèmes changent avec chaque nouvelle génération. Le discours de la « génération perdue », je n'y crois pas du tout. La réalité, c'est que chaque génération connaît des problèmes différents, et qu'il faut être assez lucide pour les reconnaître et se donner les moyens de les résoudre. Dans le cas qui m'occupait, le problème le plus important auquel les jeunes avaient à faire face était celui de l'éducation, de la formation, de la transition entre l'école et le marché du travail.

Pour apprécier pleinement le défi qui se présentait à nous, il fallait d'abord comprendre qu'au Canada on avait vécu jusqu'à tout récemment dans une économie assez simple, basée presque uniquement sur les ressources naturelles. Je me rappelais mes expériences à bord des navires, sur les Grands Lacs, quand on prenait du minerai de fer en vrac à Port-Cartier ou à Sept-Îles et qu'on le transportait à Chicago ou à Cleveland, où il était transformé en acier pour fabriquer des voitures, des biens manufacturés ; ou quand on allait chercher du grain à Thunder Bay et qu'on le livrait à Baie-Comeau, où il était chargé sur des navires à destination d'outre-mer. Il y avait là pour moi un exemple vécu de ce qu'était l'économie canadienne. Or, je découvrais que, contrairement à d'autres pays industrialisés qui étaient nos concurrents, au Canada nous n'avions pas fait d'efforts particuliers pour nous donner des mécanismes de transition entre l'école et le marché du travail, comme des programmes d'orientation et de formation professionnelles, d'enseignement coopératif, qu'on appelle des programmes d'«alternance-études». Il y avait une faiblesse dans notre système.

À cette époque, nous avons fait faire une étude approfondie de l'opinion publique au Canada, qui portait sur les attentes des jeunes et de leurs parents, et nous avons découvert qu'il y avait un décalage très important entre ces attentes et la réalité. Par exemple, 80 % des parents s'attendaient à ce que leurs enfants fréquentent l'université, alors que 13-14 % seulement des jeunes faisaient des études post-secondaires. Ce décalage annonçait, pour nombre de jeunes et de leurs familles, de grandes déceptions. Il allait donc falloir faire un effort important de pédagogie et, en même temps, trouver des moyens de mieux comprendre les problèmes que nous vivions, à la lumière des solutions qui étaient à notre portée. Nous attelant à la tâche, nous avons d'abord esquissé un tableau des besoins des jeunes, de façon générale, sans nécessairement chercher à ce stade à départager les responsabilités du gouvernement fédéral et celles des provinces. Ensuite, nous nous sommes demandé quelle était la meilleure façon, dans la perspective des responsabilités du gouvernement canadien, d'apporter des solutions qui permettaient de combler les besoins que nous avions cernés. J'en suis rapidement venu à la conclusion que, dans une fédération comme la nôtre, un des rôles légitimes du gouvernement central est de fixer des objectifs pour le pays, par rapport à ses concurrents sur le marché international – des objectifs, forcément, qui débordent les champs de compétence. Le premier ministre du Canada peut en toute légitimité déterminer des problèmes qui sont communs à tous les Canadiens, et encourager le pays dans son ensemble à entreprendre des initiatives pour vaincre les obstacles qui nuisent à la compétitivité du Canada par rapport aux autres pays du monde. Dans cette perspective, même si l'éducation est un domaine de compétence exclusivement provinciale, rien n'empêche le premier ministre canadien de dire : « L'éducation, c'est important pour nous en tant que pays. » Il a même une certaine responsabilité morale à cet égard. Après tout, n'est-ce pas la prérogative de celui ou celle qui gouverne que de fixer l'ordre du jour, de définir les problèmes de son temps ? Ensuite, bien sûr, il a un devoir de persuasion. Cela étant dit, on tombe très rapidement dans le domaine pratique. Et là, le gouvernement fédéral doit respecter les rôles de chacun. S'il est légitime pour le gouvernement national de dire : « L'éducation, c'est important », ça ne veut pas dire qu'il doit se substituer aux gouvernements provinciaux dans leurs domaines de compétence. Ce serait d'ailleurs une grave erreur. Chercher à faire pour l'autre ce qu'il doit faire par lui-même peut paraître répondre à un impératif politique à court terme, mais en réalité c'est un comportement qui crée plus de problèmes que de solutions. On finit par confondre les rôles et par retarder, ce faisant, les solutions qu'attendent les citoyens et qui doivent venir de ceux et celles ayant la responsabilité de les offrir.

La conclusion qui s'imposait était donc qu'il fallait examiner les outils dont dispose le gouvernement fédéral pour aider les jeunes en difficulté. Or, son levier le plus important, celui qui a le plus d'impact, c'est le système qui s'appelait alors l'assurance-chômage, et qu'on appelle aujourd'hui l'assurance-emploi. C'était en grande partie de cette caisse que provenaient les fonds destinés aux jeunes de dix-huit à trente-quatre ans. D'ailleurs, le profil de cette clientèle-là en disait très long sur le problème de la formation et de l'éducation. En effet, la grande majorité des gens qui recevaient des prestations d'assurance-chômage n'avaient pas terminé le secondaire V. La règle qui valait à ce moment-là, et qui s'applique encore maintenant, était simple : plus une personne a de l'instruction ou de la formation, plus elle a de chances d'avoir un emploi, et un emploi rémunérateur. Aussi les jeunes décrocheurs étaient-ils surreprésentés parmi les chômeurs. C'est pourquoi la politique «jeunesse» que j'ai proposée au gouvernement fédéral visait d'abord à encourager les jeunes à rester à l'école, et l'outil d'intervention que je cherchais à mettre au point pour atteindre cet objectif était l'utilisation des fonds de la caisse de l'assurance-chômage. Évidemment, cela exigeait que le fédéral se mette au service d'un objectif fixé par les gouvernements provinciaux, ainsi que de programmes dont ceux-ci étaient les maîtres d'œuvre. Il fallait le reconnaître et l'accepter. D'autre part, la politique sur la jeunesse que je proposais était plutôt radicale pour un gouvernement de 1988, car elle ne nécessitait rien de moins qu'un changement complet dans les règles de l'assurance-chômage qui touchaient les jeunes. Pour la mettre en œuvre, le gouvernement fédéral aurait dû changer sa loi sur l'assurance-chômage, qui ne se serait plus appliquée de la même façon pour les jeunes que pour les autres.

L'autre conséquence de cette politique était qu'elle aurait exigé que le gouvernement dépense davantage d'argent. On prévoyait, par exemple, augmenter les fonds destinés à l'orientation. En effet, on ne faisait pas suffisamment d'efforts pour aider les jeunes à se tracer un itinéraire, pour les éclairer sur les choix qu'ils pouvaient faire. Nous voulions dépenser plus d'argent pour les aider à retourner à l'école, pour les placer dans des programmes de formation, pour leur donner une expérience de travail, pour mettre au point un menu correspondant à leurs besoins, qui pouvaient être très différents. Le problème du chômage chez les jeunes est d'ailleurs beaucoup plus complexe que le cliché « pas d'expérience, pas de travail – pas de travail, pas d'expérience » ne le laisse croire. Pour certains jeunes, l'absence d'expérience quand ils entrent sur le marché du travail peut être un atout. Certains employeurs en effet préfèrent engager des gens qu'ils peuvent former à leur façon, des gens qui n'ont pas encore d'habitudes de travail ancrées et dont ils devraient se débarrasser au prix de gros efforts.

La politique « jeunesse » que je voulais faire adopter visait essentiellement ceci : au Canada, chaque jeune serait soit à l'école, soit dans un programme de formation, ou bien il aurait un emploi rémunéré ou travaillerait dans le domaine communautaire. Aucun jeune ne serait laissé à lui-même, sans que la société puisse lui offrir une aide. Cela voulait dire également qu'un jeune qui choisissait de ne pas participer activement à cet effort collectif ne recevrait pas les mêmes prestations. Il y avait là un élément incitatif très clair, dont le but était d'encourager l'autonomie et la responsabilité. L'autre dimension de cette politique était d'ordre pratique. Le gouvernement fédéral allait devoir administrer un programme fédéral majeur en se pliant à des objectifs fixés conjointement si possible, sinon entièrement, par ses partenaires provinciaux.

« Ici Frank McKenna »

Le débat a donc commencé au sein du cabinet. Or, ce que je ne savais pas, c'est que ma politique ne décollait pas à l'intérieur du gouvernement. J'y croyais et le ministère y croyait aussi, mais, au ministère des Finances, on trouvait que c'était une affaire trop lourde, trop compliquée, trop chère. Ce n'était pas dans le ton du gouvernement. Dans les autres ministères, on ne s'y intéressait pas vraiment non plus. Là se posait réellement le problème de celui qui tente de coordonner du bas vers le haut. On avait beau avoir en main un projet important, on avait beau avoir fait nos devoirs, de façon très concrète, la réalité était qu'on n'allait nulle part. Ce qu'il y a d'intéressant dans cette expérience-là, c'est qu'on m'a dit non plusieurs fois, tout au long du processus, mais que je refusais d'écouter, tellement j'étais persuadé du bien-fondé de mon projet. J'ai ainsi appris à mes dépens une importante leçon, à savoir que, dans une grande structure comme un gouvernement, on ne vous dira jamais non directement. Il y a tout un tas d'autres façons de vous faire savoir que votre affaire ne marche pas. On vous le fait comprendre discrètement, en empruntant toutes sortes de détours. Obstiné comme je l'étais, j'y croyais tellement que je refusais même de décoder dans ce langage le vrai sens des mots.

J'ai donc persévéré, ce qui a créé un malaise à l'intérieur du gouvernement, parce que j'avais beau faire des étapes et me faire renvoyer à mes devoirs, je revenais constamment à la charge. Il a fallu que Mulroney intervienne pour tenter d'arbitrer tout ça. De toute évidence, on lui avait dit : « Charest, son affaire, ça avance pas, il commence à casser les pieds à tout le monde avec ça. » Le premier ministre, pour ne pas briser mon élan, m'a félicité pour le travail que je faisais, et il m'a annoncé, au cours d'une réunion du cabinet, devant tout le monde, qu'il allait nommer quelqu'un du Conseil privé pour nous aider à piloter le projet. Du coup, je suis revenu au ministère, tout heureux, en me disant : « Ça y est, c'est fait ! », jusqu'à ce que je comprenne, en apprenant le nom de la personne qui avait été choisie, qu'on avait nommé quelqu'un dont l'objectif n'était pas de faire avancer le projet, mais plutôt de noyer le poisson… Inutile de dire que ç'a été une leçon inoubliable.

Nous cheminions ainsi, sans vraiment avancer, quand soudain il m'est arrivé, comme cela arrive en politique, une grande chance. Une conférence des premiers ministres devait avoir lieu en novembre 1987 à Toronto. Elle devait être précédée par une conférence des ministres responsables du marché du travail qui serait tenue à Terre-Neuve un peu plus tôt le même mois. Comme il n'y avait pas beaucoup d'enthousiasme pour mon projet dans le gouvernement et que personne ne s'était à ce moment-là résolu à me le dire directement, on m'avait suggéré d'aller présenter mon projet aux ministres provinciaux, en me disant que ce serait une bonne chose si j'arrivais à les persuader d'embarquer dans ce projet avec nous, car il exigeait une collaboration étroite entre les deux ordres de gouvernement. « On attrapera le ballon au vol et on le portera à partir de là », m'avait-on assuré. On m'avait même laissé entrevoir, si je réussissais à convaincre mes collègues des provinces, la possibilité qu'on puisse donner suite à ma démarche à la conférence des premiers ministres, le *nec plus ultra* politique pour celui qui veut faire avancer un projet. En somme, la dynamique des gouvernements, c'est à qui réussira à mettre son dossier sur la table de travail du chef du gouvernement. Il y a une course effrénée, une compétition féroce à l'intérieur de la machine gouvernementale, qui, en fait, est une véritable jungle. Or, la table de travail des dirigeants d'un pays ne dispose pas d'un espace illimité, mais plutôt restreint. Le chef du gouvernement ne peut pas entreprendre vingt projets simultanément et les mener à bien. Il choisit généralement trois ou quatre priorités. Alors celui ou celle qui réussit à faire inclure la sienne à l'ordre du jour, c'est le gagnant. Les autres gravitent en orbite autour de la table, cherchant à se poser de temps en temps. Je cherchais donc un moyen de déposer mon dossier sur la table de travail de Mulroney.

Le scénario, donc, est que si je réussis à obtenir un consensus à la conférence fédérale-provinciale des ministres du Travail, le dossier sera acheminé à la conférence des premiers ministres. On aura gagné notre pari, et le gouvernement sera obligé de donner suite à notre projet. Or, à Terre-Neuve, à la conférence des ministres, c'est l'échec. On fait un tour de table. Je constate rapidement que les décisions récentes du gouvernement fédéral, les compressions surtout, qui ont touché les gouvernements provinciaux, ont créé un climat tel qu'il m'est à peu près impossible de persuader mes collègues des provinces d'embarquer avec nous dans cette nouvelle initiative. Certains y voient des difficultés relatives aux champs de compétence; d'autres n'y croient tout simplement pas; dans d'autres cas encore, ce n'est pas du tout la priorité de leur gouvernement, point. Bien sûr, ce n'est pas une mauvaise idée que je leur propose, sauf qu'ils en ont d'autres et qu'ils vont faire autre chose. Et comme ils ne peuvent pas faire vingt choses à la fois, on me dit : « C'est de valeur, votre *timing* est mauvais. »

Alors, ça n'a pas fonctionné. Sauf que le gouvernement du Nouveau-Brunswick venait de se faire élire (à la conférence, son ministre qui n'était assermenté que depuis quelques jours s'était, à mon grand dam, montré très négatif à l'égard de ma proposition). Dans les jours qui ont suivi la réunion, j'ai reçu un appel, à mon bureau de comté, d'un certain monsieur McKenna. Comme il y avait, à Sherbrooke, un fleuriste qui s'appelait McKenna et que j'utilisais souvent ses services, croyant m'adresser à son fils, j'ai dit en prenant l'appel: «John, comment ça va?» On me répond: «Ce n'est pas John, c'est Frank.» J'ai quelques secondes d'hésitation. Frank… Frank… J'essaie de penser. Quel membre de la famille McKenna s'appelle Frank? Au bout de quelques secondes, j'entends: «Ici le premier ministre du Nouveau-Brunswick.» Ah! pardon!

Quand on est ministre junior, il est rare qu'on reçoive un appel du premier ministre d'une province. J'étais donc flatté, mais je l'ai été encore plus quand il m'a dit avoir pris connaissance de mon projet. Il le trouvait extrêmement intéressant. Il avait compris ce que les autres n'avaient pas compris, à savoir qu'il s'agissait d'une politique tout à fait nouvelle, avec des ressources financières additionnelles. Sans me faire un long discours, il m'a expliqué que mon initiative était en tout point conforme à ce qu'il souhaitait faire au Nouveau-Brunswick, qu'on était sur la même longueur d'onde, que son gouvernement voulait participer et qu'il souhaitait travailler en étroite collaboration avec moi. Il m'a demandé ce qu'il pouvait faire pour faire avancer les choses. Je lui ai répondu que, justement, il y aurait bientôt une conférence des premiers ministres et que ce serait l'occasion ou jamais de discuter de la question. Sur-le-champ, il m'a dit: «C'est exactement ce que je vais faire. Envoie-moi ce que tu as comme documentation. Je vais voir à ce que ce soit mis à l'ordre du jour.» J'étais renversé.

Ainsi, alors qu'on pensait ne plus être dans la course, on apprenait soudainement que le projet allait être mis sur la table, et parrainé par un allié tout à fait inattendu. Cela aussi, en passant, ça arrive souvent en politique. On se retrouve avec des alliés sur lesquels on ne comptait pas ou face à des adversaires qu'on croyait être des alliés. Quand on a appris la bonne nouvelle aux membres du bureau du premier ministre du Canada, on s'est vite rendu compte qu'à leurs yeux ce n'en était pas une. En effet, en vue de ces réunions fédérales-provinciales au plus haut niveau, qui est celui des chefs de gouvernement, on prépare toujours à l'avance les sujets à discuter, les objectifs à atteindre, les résultats à obtenir. Et puis, tout d'un coup, ça sort de nulle part, on pensait avoir réglé cette affaire-là, mais non, ça revient… On a fini par comprendre qu'ils n'étaient pas contents du tout et nous soupçonnaient même de collusion avec le gouvernement du Nouveau-Brunswick. Il nous a fallu faire beaucoup d'efforts pour les convaincre qu'il n'y avait eu aucune manipulation de notre part, que tout cela était très sincère. Heureusement d'ailleurs, Mulroney, toujours fidèle à lui-même, en homme qui écoutait beaucoup, m'a dit : « Viens, on va faire avancer ça. » Par la suite, j'ai eu des contacts avec d'autres premiers ministres provinciaux, comme Grant Devine de la Saskatchewan, que je connaissais un peu, et Bill Van der Zalm de la Colombie-Britannique. Nous en avons discuté suffisamment pour donner suite au projet, mais on ne peut pas dire qu'il y avait de leur part une forte adhésion.

Selon la méthodologie consacrée en politique, pour qu'une initiative puisse se réaliser, il faut que le gouvernement y croie, il faut qu'elle recueille des appuis à la fois répandus et solides, c'est-à-dire non seulement quantitatifs en fonction du nombre de ministres qui y croient, mais qualitatifs en ce sens qu'il faut que ces derniers y croient suffisamment pour avoir envie de la défendre. Il faut que le projet puisse résister aux obstacles, qui sont inévitables. De fait, une fois arrivés au niveau des premiers ministres, malheureusement, nous nous sommes retrouvés à la case départ. Les premiers ministres ont parlé de notre projet parce que McKenna avait imposé cette question à l'ordre du jour,

mais, dans bien des cas, du bout des lèvres, par simple politesse. Il y a eu des discours pour la forme. Car qui, à une
conférence des premiers ministres, va dire : «Je suis contre
un projet pour les jeunes»? Personne, évidemment. Tout
cela a finalement donné lieu à un compromis qui mérite
qu'on lui consacre un chapitre à lui seul.

Contrôlez-le !

Les élections approchaient. Nous étions dans la quatrième année du mandat ; il fallait que cette affaire-là aboutisse. Dans les mois qui ont suivi, j'ai mené la dernière ronde de ma bataille au cabinet, qui s'est terminée sur une note assez amusante. Dans les faits, les discussions de ce genre sont arbitrées par un ministre sénior (en l'occurrence Jake Epp) qui préside un comité du cabinet. Elles se déroulent entre les principaux acteurs, à savoir celui qui propose le projet, ceux qui s'y objectent et ceux qui suggèrent des changements, chacun tentant de le modeler à sa façon et d'en tirer le meilleur parti possible pour son propre ministère. Les comités du cabinet, soit dit en passant, constituaient un des rouages essentiels du gouvernement Mulroney. À cet égard, il était presque aussi important de savoir qui présidait les comités du cabinet que de savoir qui était ministre de quel ministère. Le Conseil du Trésor illustre bien ce que je veux dire. Siéger au Conseil du Trésor, c'est avoir de l'influence, parce que c'est le centre nerveux du gouvernement. Il n'y a pas une décision ministérielle qui s'applique sans que le Conseil du Trésor y ait donné son aval. Si vous êtes un ministre qui siège au Conseil du Trésor, vos collègues ont intérêt à solliciter votre appui.

Mon fameux projet en était donc à l'étape finale avant d'être soumis à l'approbation du cabinet. La réunion a débuté par un coup de théâtre. Au lieu de déléguer son ministre junior pour le représenter, comme on pouvait s'y attendre, compte tenu de l'importance relative du projet, c'est le ministre des Finances en personne qui s'est pointé à la réunion. Mon adjoint m'a donné un coup de coude et, au regard qu'il m'a lancé, j'ai réalisé tout d'un coup qu'on allait passer un mauvais quart d'heure. Michael Wilson était donc venu lui-même exprimer ses réserves. Le fait qu'il se soit déplacé constituait un message sans équivoque. On venait de frapper un mur. Le surlendemain, comme je m'obstinais toujours, refusant d'entendre le non qu'on m'avait maintenant signifié sur presque tous les tons, il restait une dernière étape à franchir, à savoir celle consistant à mettre la dernière main au document final qui serait soumis au cabinet pour approbation définitive. À cette étape ultime, c'est le président du comité du cabinet qui présente ce document, une ébauche préparée à l'avance par le Conseil privé (les hauts fonctionnaires du premier ministre). C'est un débat pointilleux, qui se joue sur les mots. Quelques heures avant cette réunion cruciale pour nous, le Conseil privé nous a fait parvenir une copie du document en question. En le lisant avec mes deux adjoints, j'ai compris qu'on venait de tuer ma politique «jeunesse», pour laquelle je me battais depuis des mois. Nous étions complètement dégonflés, déprimés. Nous avions perdu.

Et puis, soudain, confronté à cette défaite, je me suis demandé pourquoi la discussion devait avoir lieu sur la base du document qu'on m'avait envoyé. Pourquoi, en fait, ne pas rédiger une ébauche de notre propre cru? Mes adjoints et moi sommes donc restés au bureau à midi pour préparer un document dont la forme était calquée intégralement sur celui que nous avions reçu. J'ai ensuite établi ma stratégie : laisser débuter la réunion, lancer la discussion sur les détails du texte, laisser tout le monde s'épuiser un peu sur les changements à apporter à ce dernier et, quand je jugerais le moment opportun, c'est-à-dire quand il y aurait suffisamment de confusion autour de la table, proposer ma propre ébauche comme solution à l'impasse. Je m'attendais à ce que, si les choses se déroulaient comme je l'espérais, le président de la réunion accueille ma suggestion avec soulagement. À ce moment-là, mon sous-ministre associé, John Edwards, avait été remplacé. C'était donc Nick Mulder, un type intelligent, très énergique, animé par une volonté évidente de me servir de son mieux, mais que je ne connaissais pas encore très bien, qui devait m'accompagner.

La réunion débute, et la première demi-heure se déroule comme je l'avais prévu. On corrige le texte phrase par phrase, on veut changer tel mot, tel paragraphe, on s'embrouille dans les virgules, nos textes sont criblés de flèches, de rayures, et, au moment où j'estime que tout le monde est suffisamment exaspéré, je me propose de les soulager en annonçant : « Écoutez, si vous voulez, j'ai une autre version à vous soumettre. » Comme je l'espérais, le président Jake Epp, que je connais bien, saute sur l'occasion. Sur ces entrefaites, Nick Mulder, mon sous-ministre, à qui j'ai oublié de faire part de mes intentions, se penche vers moi et me murmure à l'oreille :

— De quoi s'agit-il ?

Je lui réponds, à voix basse moi aussi :

— C'est l'autre version.

— Quelle autre version ? Qu'est-ce que ça veut dire ?

— La version qu'on a rédigée.

— Vous n'avez pas fait ça !

— Si, si.

— Mais vous ne pouvez pas faire ça !

— Pourquoi pas ?

— Parce que vous êtes le ministre !

— Justement !

— Mais vous ne pouvez pas faire ça !

On se serait cru dans un épisode de la célèbre série satirique *Yes, Minister!* de la télévision britannique, mettant en scène un ministre un peu benêt et son sous-ministre machiavélique et manipulateur. Après la réunion, Mulder était furieux. «Comment avez-vous pu faire ça ! Vous êtes le ministre ! Oui, mais ce n'est pas à vous de faire ça ! Vous ne pouvez pas rédiger vos propres décisions ! » Les membres du Conseil privé n'ont pas tardé à communiquer avec Mulder. Ils fulminaient, eux aussi. «Votre ministre est hors contrôle ! Contrôlez-le ! » Nous, de notre côté, on s'est bien bidonnés, mes adjoints et moi.

En conclusion, les élections approchant à grands pas, le cabinet a finalement consenti à lancer deux projets pilotes, l'un au Nouveau-Brunswick, l'autre à Terre-Neuve, auxquels le gouvernement fédéral consacrait 70 millions et 54 millions de dollars respectivement. Le gouvernement McKenna en a fait un programme important. Ensemble, nous avons ouvert dix centres «jeunesse» au Nouveau-Brunswick, dont l'objectif était d'accueillir les jeunes qui recevaient des prestations soit d'aide sociale, soit d'assurance-chômage, et de leur offrir des services d'orientation, afin de les diriger vers les ressources pouvant le mieux possible les aider à réintégrer le marché du travail.

Ce qui me tenait le plus à cœur, c'était de faire en sorte qu'on reconnaisse, en tant que gouvernement mais aussi comme société, qu'il y a dans le travail une valeur qui dépasse la simple notion pécuniaire. Chez nous, comme ailleurs dans le monde industrialisé, on a encore tendance à ne reconnaître que la valeur dite «économique» du travail. On le fait aux dépens d'une reconnaissance de sa valeur sociale, je dirais même de sa valeur morale et spirituelle. En effet, nous ne participons véritablement à notre société que lorsque nous travaillons, au sens très large du terme. Quelqu'un qui choisit de rester à la maison pour élever une famille contribue d'une façon essentielle au bien commun. Le travailleur bénévole aussi. Le monde du travail lui-même change constamment. Les valeurs qui s'y rattachent évoluent également. Ce n'est plus vrai que nous travaillons dans le seul but de gagner de l'argent pour vivre, ni même pour acheter des biens de consommation. La société a changé depuis les débuts de l'ère industrielle, où le travail était souvent très dur, voire dangereux, où un emploi n'était pas nécessairement intéressant ni valorisant. Nos valeurs ont évolué. Les gens aujourd'hui recherchent une occupation non seulement rémunératrice, mais valorisante aussi. Une chose est certaine : si l'on reconnaissait réellement la dimension sociale, morale et spirituelle du travail, on ferait davantage pour former les jeunes, on ferait de plus gros efforts pour les intégrer dans le marché du travail. On tiendrait pour acquis que, pour qu'une jeune personne réussisse sa vie, il faut tout mettre en œuvre pour qu'elle soit en mesure de participer activement à la société.

C'était le principe qui me guidait, et il est vrai que nous avions réussi à faire avancer un peu les choses, mais on était encore très loin du compte. Quant aux deux projets pilotes auxquels nos efforts nous avaient finalement permis de donner naissance, celui du Nouveau-Brunswick a porté fruit parce que le premier ministre McKenna y croyait et y tenait. Celui de Terre-Neuve était plutôt un bon exemple d'un programme qui avait été adopté sans grande conviction et dans lequel, par conséquent, le gouvernement provincial n'a pas mis plus d'engagement que dans un autre. Il n'a donc pas connu dans cette province le succès que j'espérais. Néanmoins, une fois que les projets pilotes ont été mis sur pied, d'autres provinces, réalisant tout à coup qu'elles étaient passées à côté d'un programme plein d'avenir, se sont dites intéressées, mais il était trop tard, les fonds n'étaient pas illimités. Les élections de 1988 sont intervenues. Encore aujourd'hui, l'assurance-emploi, tout comme l'aide sociale, a pour effet de stigmatiser les jeunes qui reçoivent des prestations. Trop souvent, ces programmes ne font que confirmer un échec, alors qu'à ce moment-là de leur vie il faudrait au contraire qu'on mette tout en œuvre pour leur permettre de connaître des réussites.

L'affaire Ben Johnson

Au printemps 1988, Michou a donné naissance à Antoine, notre deuxième enfant. Quelques jours plus tard, le premier ministre remaniait de nouveau son cabinet et me confiait une responsabilité supplémentaire, celle du Sport amateur. C'est d'ailleurs le même remaniement qui a amené à Ottawa Lucien Bouchard, jusqu'alors ambassadeur du gouvernement canadien à Paris. Je l'ai rencontré la première fois chez le gouverneur général, au cours de la cérémonie d'assermentation.

J'ai donc été assermenté ministre de la Jeunesse et du Sport amateur. Moi qui, à l'époque, n'étais pas très sportif, je succédais à Otto Jelinek, un ministre du Sport très populaire dans les organismes sportifs, étant lui-même ancien champion mondial de patinage artistique. Les Jeux olympiques d'hiver venaient d'avoir lieu et avaient été une grande réussite pour le Canada et la ville de Calgary. Je suis arrivé là-dedans un peu comme un chien dans un jeu de quilles. Il faut savoir que le monde du sport au Canada est très petit. Or, le milieu sportif présente un reflet très fidèle de la société. Toutes les tensions qui se manifestent dans la société canadienne s'y retrouvent. Par exemple, à chaque événement d'envergure nationale et internationale, la question de la langue se pose. Rien n'est plus typique du milieu sportif canadien. C'est d'autre part un milieu très « politisé », dans le sens où il s'y fait énormément de jeux de coulisse. Pour quelqu'un qui ne vient pas de ce milieu, qui ne le connaît pas, l'apprentissage peut être difficile. J'arrivais donc dans ce ministère à quelques mois des Jeux olympiques de Séoul, et dans la foulée d'une initiative canadienne contre le dopage dans le sport amateur dont mon prédécesseur, Otto Jelinek, avait fait son cheval de bataille.

À cette époque, le Canada voulait organiser une conférence internationale sur le dopage dans le sport qui devait avoir lieu à Ottawa. En tant que ministre, la première décision que je devais prendre portait sur l'opportunité de poursuivre l'idée de tenir cette conférence, par laquelle le Canada accepterait de jouer un rôle de leader et où sa position, telle que proposée par Jelinek, serait la suspension à vie d'un athlète dès la première infraction de dopage. Ma première réaction à ce scénario a été négative. J'ai dit à mon sous-ministre qu'en droit criminel une sentence « à vie », ce n'est pas beaucoup moins qu'un arrêt de mort, et que j'avais de très grandes réticences à imposer ce genre de sanction. Il m'a expliqué que le Canada, en la personne d'Otto Jelinek, avait déjà pris position sur cette question, qu'étant donné que nous organisions une conférence internationale qui avait pour but de proposer des règles uniformes, nous avions placé très haut la barre, de façon à pouvoir au besoin la rajuster en cours de négociations, en fonction du consensus qui se dégagerait.

Après avoir longuement réfléchi, j'ai fini par accepter son argumentation, que j'ai faite mienne. La conférence en question a donc eu lieu, à la veille des Jeux de Séoul, et divers pays ont proposé des normes. Nous n'avons pas changé les nôtres parce que les discussions portant sur les sanctions n'en étaient encore qu'à l'étape préliminaire. Au moment des Jeux de Séoul, la sanction à vie faisait donc encore partie des normes administratives de Sport Canada. Elle signifiait que le gouvernement canadien supprimerait son aide, à vie, à un athlète qui se rendrait coupable d'une infraction de dopage.

À quelques semaines des Jeux olympiques, un premier incident a eu lieu. Alors que j'étais dans mon comté, j'ai reçu un coup de téléphone d'Ottawa m'apprenant que des haltérophiles canadiens, québécois en l'occurrence, avaient été testés alors qu'ils étaient en transit vers Séoul et que des traces de stéroïdes anabolisants avaient été découvertes dans leur urine. On m'a rappelé que la politique administrative établie dictait une suspension à vie automatique. C'était une décision qui n'était pas agréable à prendre, surtout dans ce cas-ci où elle s'appliquait à des jeunes qui étaient sur le point de réaliser leur rêve de participer aux Jeux olympiques. Néanmoins, la politique du ministère était très claire et sans équivoque. En tant que ministre, je devais l'appliquer. J'ai donc suspendu les haltérophiles. Le ministère a publié un communiqué de presse, qui n'a soulevé à peu près aucun écho dans le public et n'a semblé susciter que de l'indifférence de la part du milieu sportif. Comme j'allais bientôt m'en apercevoir, il y a une hiérarchie dans le milieu du sport amateur. Les haltérophiles, par exemple, ne sont pas perçus comme étant dans la même ligue que les coureurs du 100 mètres. Personne, donc, n'a relevé l'incident.

Quelques semaines plus tard, les Jeux olympiques de Séoul, en Corée, étaient sur le point de commencer. Nous étions pratiquement à la veille des élections. J'étais anxieux de ma réélection dans Sherbrooke. Je ne tenais rien pour acquis. J'avais très hâte de retourner dans mon comté. Notre bébé, Antoine, n'avait que quelques mois. J'avais déjà décidé que je n'assisterais pas aux Jeux, quand le bureau du premier ministre a communiqué avec moi. On me demandait de m'y rendre. Il était capital, m'a-t-on dit, que le gouvernement du Canada fasse acte de présence. Pour les Canadiens, les Jeux olympiques, c'est important, c'est un moment unificateur pour le pays. On m'a rappelé qu'on était à la veille d'une élection. Notre absence aux Jeux de

Séoul ne serait pas bien vue, transmettrait un mauvais signal. Bref, j'ai finalement décidé, à contrecœur, d'y aller, mais pour quatre jours seulement.

Michou m'a accompagné. Nous avons assisté à l'ouverture des Jeux. Nous avons fait quelques rencontres importantes. Entre autres, j'en ai profité pour parler au président du Comité international olympique, Juan Antonio Samaranch, d'une des causes que je défendais, à savoir celle de l'intégration dans les Jeux olympiques des sports pour personnes physiquement handicapées. Samaranch a accueilli très froidement ma proposition. Cela ne l'intéressait pas vraiment. Pourtant, au Canada, ces sports étaient devenus très populaires. Les Canadiens, en effet, appuient et admirent les athlètes handicapés, comme Terry Fox, comme le Québécois André Viger, originaire de Sherbrooke, comme le Britanno-Colombien Rick Hanson, sans doute parce qu'ils personnifient l'essence même de l'esprit olympique tel que défini par Pierre de Coubertin, à savoir le dépassement de soi. Ces athlètes nous rappellent que la véritable compétition a lieu à l'intérieur de chacun de nous, que l'effort qu'on fait pour se dépasser soi-même est probablement le plus porteur d'épanouissement, sur le plan tant physique que moral et spirituel. Tandis que les Jeux olympiques, à l'image du sport professionnel, se sont beaucoup commercialisés. C'était sans doute inévitable, et ce n'est ni bon ni mauvais en soi, mais cela a des conséquences pour la culture sportive, où la victoire devient la valeur suprême, unique et recherchée à n'importe quel prix.

Nous sommes donc revenus chez nous, Michou et moi, après ce long voyage. Le soir de l'épreuve du 100 mètres, le Canada était en liesse. Ben Johnson avait battu le record du monde et reçu la médaille d'or. Le lendemain, les Canadiens étaient en état de choc. Ils venaient d'apprendre qu'un test avait révélé la présence d'un stéroïde anabolisant dans l'urine de Johnson. Moi-même, j'avais appris la nouvelle au milieu de la nuit, à peine quelques heures avant qu'elle n'éclate comme une bombe dans les médias. Au-delà de ma consternation personnelle, je me trouvais devant un dilemme. Je venais, quelques semaines auparavant, de suspendre quatre haltérophiles pour une infraction identique. Je ne pouvais pas appliquer la sanction différemment. Entre-temps, le Comité olympique confirmait son verdict, retirait sa médaille d'or à Ben Johnson et le suspendait.

Il fallait annoncer ma décision, et mon manque d'expérience m'a desservi. Plutôt que d'attendre quelques jours et de bien prendre le temps d'expliquer les politiques de Sport Canada avant de les appliquer, j'ai voulu être cohérent, éviter le « deux poids, deux mesures ». J'ai donc imposé à Ben Johnson exactement la même sanction que celle qu'avaient reçue les haltérophiles, sauf que très peu de gens avaient eu connaissance de ce dernier incident. Immédiatement, il y a eu un tollé de protestations, au beau milieu duquel mon collègue Jelinek y est allé d'une déclaration publique, affirmant que la sanction à vie (qu'il avait lui-même mise en place) était une sanction trop sévère ! Je n'en revenais pas ! De toute évidence, la sanction que j'avais annoncée ne paraissait ni juste ni équitable aux yeux des Canadiens, mais je ne pouvais pas reculer. Or, la confusion ne faisait que croître. On apprenait que Ben Johnson et son entraîneur continuaient à clamer leur innocence. C'était devenu un cirque invraisemblable. Les membres du caucus, conscients de l'imminence des élections, étaient catastrophés. Finalement, le gouvernement a décidé de créer une commission royale d'enquête sur le dopage dans le sport, présidée par le juge Charles Dubin, pour tenter d'aller au fond des choses. Cette commission devait, quelque temps plus tard, remettre un rapport magistral, dont les recommandations ont fait honneur au Canada et ont eu un impact déterminant sur l'attitude des gouvernements et des associations sportives du monde entier relativement au dopage dans le sport.

Se dépasser

Sur ces entrefaites, le premier ministre Mulroney a déclenché des élections générales. Comme on dit souvent, se faire élire est une chose, se faire réélire en est une autre. Pour ceux et celles qui, lors d'une première élection, bénéficient d'une vague, le mérite n'est pas aussi grand que pour celui ou celle qui retourne devant ses électeurs et se fait reconfirmer son mandat, sur la base d'une feuille de route. L'élection dans Sherbrooke a donc été âprement disputée. J'avais un adversaire libéral de taille en la personne de Dennis Wood, un homme d'affaires bien connu dans la région. Dès le lendemain du débat des chefs, au cours duquel John Turner avait donné une performance à laquelle on ne s'attendait pas et marqué des points contre Mulroney sur la question cruciale du libre-échange entre le Canada et les États-Unis, on a senti dans l'opinion publique un changement important qui nous a beaucoup inquiétés. C'est là qu'on a vu la grande force de Mulroney. C'est d'ailleurs le vrai test en politique. On ne fait pas que des bons coups. Dans le fond, le vrai test, c'est quand on trébuche. Mulroney, donc, s'est relevé de façon magistrale, a pris le taureau par les cornes et a gagné l'élection. Cela dit, nous en sommes sortis durement écorchés, avec des conséquences à très long terme, en Ontario, dans l'ouest du pays, dans la région atlantique.

Une fois son gouvernement réélu, le premier ministre Mulroney m'a reconduit dans mes fonctions de ministre de la Jeunesse et du Sport amateur, en ajoutant celle de leader adjoint du gouvernement en Chambre, ce qui me posait un problème. En effet, le rôle de leader adjoint en Chambre exige une présence presque constante à la Chambre des communes, alors que mes responsabilités de ministre m'obligeaient à me déplacer très souvent non seulement à l'intérieur, mais aussi à l'extérieur du pays. Par exemple, comme ministre du Sport, j'ai dû me rendre plusieurs fois au Maroc pour participer à la création et à la préparation des premiers Jeux de la francophonie, qui allaient avoir lieu dans ce pays en 1989. Nous avions également à négocier la participation aux Jeux de la francophonie des trois gouvernements concernés, à savoir le gouvernement canadien, celui du Québec et celui du Nouveau-Brunswick. Ce furent des négociations ardues, en particulier avec Yvon Picotte, qui était mon vis-à-vis au Québec et que j'ai appris à mieux connaître par la suite. J'ai également siégé comme premier président au Comité international des Jeux, ce qui m'a permis de me familiariser avec les institutions de la francophonie internationale, ainsi qu'avec les institutions Nord-Sud. Lors de la création des Jeux de la francophonie, on avait introduit deux éléments qui me tenaient particulièrement à cœur : les sports pour personnes physiquement handicapées, qui furent dès le départ inclus dans les Jeux ; et l'obligation d'alternance entre les pays du Nord et du Sud, que nous avions réussi à faire accepter. Le but poursuivi était de faire en sorte que les Jeux puissent aussi avoir lieu dans les pays en voie de développement. En effet, le sport, fidèle reflet, comme je l'ai déjà dit, de la société dans laquelle nous vivons, est trop souvent l'apanage des pays riches, qui ont les moyens de financer les carrières des grands athlètes et de s'offrir des jeux internationaux qui sont des spectacles à grand déploiement. En contrepartie, le sport ayant aussi une dimension morale, humanitaire et unificatrice, nous avions insisté, au moment de la création des Jeux de la francophonie, pour qu'il y ait une alternance entre pays du Nord et pays du Sud, et pour que chaque pays puisse tenir des Jeux en fonction de ses moyens. Il n'était pas question d'organiser des événements standard et grandioses partout, mais plutôt de donner aux athlètes du monde francophone une meilleure accessibilité à la scène sportive internationale. Nous avions aussi décidé d'inclure un volet culturel très important, qui ferait des Jeux de la francophonie un événement différent des autres grands jeux internationaux.

Outre cela, l'objectif prioritaire que je poursuivais en tant que ministre du Sport était d'introduire dans les Jeux du Canada les sports pour personnes physiquement handicapées. Notre initiative a été bien accueillie par les ministres provinciaux. Aux Jeux d'été de Saskatoon, en 1989, les ministres canadiens du Sport ont décidé unanimement d'inclure dans la prochaine édition des Jeux du Canada, et dans toutes celles qui suivaient, des sports pour personnes physiquement handicapées. Cela accompli, on a changé immédiatement de cible pour viser les Jeux du Commonwealth de 1994, qui devaient avoir lieu à Victoria, en Colombie-Britannique. J'avais déjà plaidé ma cause auprès de l'Association des Jeux du Commonwealth en 1988, lors des Jeux olympiques de Séoul. Je l'ai plaidée de nouveau en 1990, alors que j'assistais aux Jeux du Commonwealth à Auckland, en Nouvelle-Zélande. Dans les deux cas, j'ai essuyé un refus poli mais catégorique. Néanmoins, j'ai été très heureux, plus tard, de constater qu'on intégrait les sports pour personnes physiquement handicapées aux Jeux du Commonwealth, d'abord comme projet pilote aux Jeux de Victoria en 1994, et, par la suite, à titre officiel.

Mon objectif ultime était de convaincre le Comité olympique de conférer autant de valeur aux médaillés physiquement handicapés qu'à tous les autres. À cet égard, il reste du chemin à faire. Encore aujourd'hui, les deux événements

se tiennent séparément. Il y a les Jeux olympiques pour les
« vrais athlètes », et les Jeux olympiques pour les personnes
physiquement handicapées, qui ne reçoivent pas la même
médaille, qui ne montent pas sur les mêmes podiums. En
agissant de la sorte, on dit à ces jeunes que leur médaille,
leurs efforts ont moins d'importance que ceux des « vrais
athlètes », alors que c'est tout le contraire. Il ne s'agit pas
d'ailleurs d'inclure tous les sports pour personnes physiquement handicapées dans les Jeux, loin de là, mais seulement
qu'il y en ait et que les médailles soient les mêmes pour tout
le monde. On n'en est pas encore là, mais on va y arriver, ça
me paraît inévitable, tout comme il était inévitable que le
hockey féminin fasse partie des Jeux. À cet égard aussi, le
monde du sport est le miroir de la société.

« L'école avant tout »

Parallèlement à mes responsabilités de leader adjoint du gouvernement en Chambre et de ministre du Sport amateur, j'avais à décider, en tant que ministre de la Jeunesse, comment donner suite à mes efforts du premier mandat. Le grand projet auquel j'avais consacré tant d'efforts n'était toujours pas une priorité du gouvernement. Il s'agissait donc en quelque sorte de trouver un moyen de réaliser « à la pièce » ma politique « jeunesse ». Nous avons résolu de nous concentrer sur un problème particulièrement criant, celui du décrochage scolaire. J'ai entrepris une nouvelle tournée de consultations auprès des milieux d'éducation à travers le Canada, qui souffraient, à l'époque comme aujourd'hui, surtout par rapport aux autres pays industrialisés, d'un niveau alarmant de décrochage scolaire. Une fois de plus, cela s'expliquait en grande partie par le fait que le Canada connaissait une transition pénible entre une économie traditionnelle basée sur les ressources naturelles et un nouveau type d'économie postindustrielle, basée pour sa part sur les ressources humaines, qu'on appelle aujourd'hui l'« économie du savoir ». Comme je l'ai dit plus tôt, le Canada n'avait pas fait suffisamment d'efforts pour faciliter cette transition, alors que le rythme même du changement, dans le monde tout autour de nous, s'accélérait constamment à mesure que s'amplifiait le phénomène de la mondialisation des échanges.

La base de notre politique a donc été un effort important pour encourager les jeunes à poursuivre une formation scolaire ou professionnelle. Il faut comprendre que, souvent, un jeune qui vit un échec très tôt dans la vie reste marqué par cet échec pour le restant de ses jours. Le message qu'il en retire est qu'il ne peut pas réussir. L'expérience de l'échec dans le domaine scolaire peut miner sa confiance en lui-même et en l'avenir. À cet égard, nos consultations auprès des milieux de l'éducation avaient donné des résultats probants. Je me souviens en particulier d'une rencontre, au niveau collégial, où quelqu'un m'a lancé : « Monsieur Charest, ce que vous proposez s'adresse à des jeunes de quinze ou seize ans. C'est important, mais vous vous y prenez bien tard. Si vous vouliez vraiment aider les jeunes qui ont des problèmes à poursuivre leurs études, il faudrait commencer bien avant. Un bon prof de première ou deuxième année est probablement en mesure de vous dire lesquels de ses élèves vont avoir des difficultés une fois arrivés au secondaire. » Bref, si l'on voulait vraiment s'attaquer au problème du décrochage scolaire, il fallait intervenir beaucoup plus tôt dans le processus scolaire. J'ai donc poussé plus loin. Je suis allé aux États-Unis rencontrer le secrétaire d'État à l'Éducation dans le gouvernement Reagan. Il m'a décrit le programme *Head Start*, conçu pour enrayer le décrochage dans les ghettos américains et qui connaissait un succès certain. Le secrétaire d'État américain n'y allait pas par quatre chemins. « Il faut commencer avec les parents, disait-il. C'est la jeune mère enceinte qu'il faut chercher à récupérer, dès le moment où elle vit sa grossesse. C'est là que ça commence. » Effectivement, la question du décrochage scolaire concerne autant les parents que leurs enfants. C'est d'ailleurs la conclusion à laquelle nous avaient amenés, en 1987, les travaux que nous avions effectués en vue d'élaborer une stratégie antidrogue de 200 millions de dollars: la principale influence qui s'exerce sur les enfants est celle de leurs parents, et l'exemple que ceux-ci leur donnent est capital.

C'est dans cette optique que nous avons préparé une politique qui s'appelait « L'école avant tout ». Elle avait un volet communautaire, un volet de soutien à l'intérieur du système scolaire, un volet programmes d'été pour étudiants. Nous visions les jeunes décrocheurs en puissance, à qui nous voulions offrir un programme de formation et d'expérience de travail pendant l'été, dans le but de les sensibiliser aux choix qu'ils pouvaient faire, en leur permettant de connaître le monde du travail, et de les motiver à retourner à l'école. Ce programme avait pour objectif de les revaloriser sur le plan personnel, en leur faisant prendre conscience de leur potentiel véritable. On partait du principe que ces jeunes-là, pour une raison ou une autre, avaient perdu confiance en eux-mêmes et qu'il fallait rebâtir cette confiance, après quoi il fallait les mettre face à leurs choix. On leur disait, en substance : « Si vous décidez de quitter l'école, voilà ce à quoi vous pouvez vous attendre, et si vous retournez aux études, voilà ce que vous pouvez espérer. À vous de décider. » Dans certains cas, ils décidaient quand même de quitter l'école, mais ils le faisaient en toute connaissance de cause. Très souvent, cependant, on a assisté à des changements de cap très émouvants, chez des jeunes qui avaient réussi à reprendre confiance en eux-mêmes. Il y avait une cérémonie de remise de diplômes à la fin du programme, à laquelle on invitait les familles et qui constituait parfois, pour le jeune concerné, la première reconnaissance formelle d'une réussite. Cela pouvait être bouleversant, un peu comme lorsqu'un jeune met le ballon dans le panier ou marque un but au hockey pour la première fois. Tout le monde est là, tout le monde applaudit. Ce genre d'expérience confirme et renforce chez lui le sentiment qu'il est capable de réussir. Pour moi, cette initiative a été, dans ma vie politique, l'une de celles dont j'ai été le plus heureux et le plus fier. J'avais consulté les ministres de l'Éducation, dont Claude Ryan, qui occupait ce poste à Québec. Il y avait eu des réticences, évidemment, dans certains cas, l'éducation étant un champ de compétence provinciale, mais le programme a fait ses preuves, et les provinces qui avaient des doutes ont fini par suivre le mouvement. C'est même devenu une priorité pour le gouvernement du Québec. D'ailleurs, il ne s'agissait pas pour nous d'intervenir dans les systèmes d'éducation des provinces, mais plutôt de les seconder dans leurs efforts. Mon collègue de cabinet, Lucien Bouchard, était un de ceux qui appuyaient pleinement ma nouvelle proposition. À mon grand dam, ce programme n'a malheureusement pas été poursuivi par le gouvernement fédéral après les élections de 1993.

L'erreur

J'assistais aux Jeux du Commonwealth à Auckland, en Nouvelle-Zélande, en janvier 1990, principalement dans le but de promouvoir l'intégration des sports pour personnes physiquement handicapées dans les Jeux du Commonwealth, et de voir comment mettre sur pied un projet pilote à cet effet pour les Jeux de Victoria en 1994. Nous étions au milieu d'un imbroglio entre francophones et anglophones typique des événements sportifs majeurs au Canada. Un jeune athlète québécois, Michel Brodeur, qui avait participé aux essais de qualification des Jeux d'Auckland, avait été écarté de l'équipe canadienne parce que sa performance, bien que satisfaisant à la norme internationale des Jeux, était en deçà de la norme canadienne qui était plus élevée. En imposant une norme plus haute, on voulait, entre autres, constituer une équipe aussi performante que possible, mais aussi limiter la taille de l'équipe, le Canada ayant la réputation de présenter des équipes trop nombreuses, ce qui ne relevait pas du domaine de mes préoccupations. Ce qui m'importait, cependant, c'était de m'assurer que la composition de nos équipes reflète un certain équilibre. Par ailleurs, l'obsession des standards manifestée par l'équipe canadienne me semblait contredire l'idéal représenté par les Jeux, qui est, je crois, de permettre à ceux et à celles qui se sont qualifiés d'avoir l'occasion de donner le meilleur d'eux-mêmes, de se dépasser dans le contexte d'un moment unique de leur vie. N'est-ce pas justement le but de ces compétitions internationales, que d'assurer la participation de jeunes athlètes qui non seulement se conforment aux normes, mais qui en plus sont capables, lors de l'événement proprement dit, de se dépasser au-delà de toute attente ? Pourquoi se limiter uniquement aux très grands et exclure la possibilité de victoires inattendues ? Pourquoi étouffer cette dimension un peu intangible de spontanéité, d'imprévu, en faveur d'une obsession de performance ?

Au même moment, un autre Québécois, l'entraîneur Daniel Saint-Hilaire, également écarté de l'équipe canadienne, était en cour à Montréal pour essayer de faire renverser cette décision. J'ai fait part de mes préoccupations aux représentants de l'Association canadienne des Jeux du Commonwealth qui se trouvaient sur place, à Auckland. Puis j'ai fait écrire une lettre à l'avocat de Daniel Saint-Hilaire, répétant en substance ce que j'avais réussi à leur faire dire, à savoir que, si le tribunal rendait une décision favorable à Michel Brodeur, ils s'y conformeraient, compte tenu du fait que les Jeux étaient sur le point de commencer. Ma lettre a été produite à la cour. Dans la confusion qui a suivi, j'ai commis l'erreur de conclure, d'après ce que me disaient mes adjoints, qu'on voulait que j'appelle le juge pour éclaircir le contenu de ma lettre. J'avais beau être avocat de formation, et parfaitement au fait de la nature des rapports que doivent entretenir le pouvoir législatif et le pouvoir judiciaire, spontanément, j'ai appelé le juge. Dès que je l'ai eu en ligne, je lui ai dit : « On me signale que vous souhaitez que je précise le contenu de ma lettre. » Il m'a répondu : « Non. » La conversation s'est terminée sur-le-champ. Cependant, j'étais un ministre d'État. Le simple fait d'avoir passé ce coup de téléphone entraînait la sanction capitale. J'ai donné ma démission au premier ministre, en me disant : « C'est la fin de ma carrière politique, je viens de tout ruiner. » J'étais complètement atterré. Pour moi, c'était le drame. J'étais avec mon épouse, Michou, et face à elle, face à ma famille, à mes amis, à mes collègues, je me disais : « C'est terrible, ce que je viens de leur faire. »

J'ai alors vécu quelque chose de très dur, mais aussi de très fort. À Sherbrooke, l'incident a suscité un mouvement de sympathie qui m'a énormément touché. Les gens comprenaient qu'il n'y avait eu de ma part aucune tentative d'influencer le juge et, dans mon geste, aucun intérêt personnel. Au retour, Michou et moi, nous nous sommes arrêtés trois jours dans les îles Fiji pour tenter de reprendre nos forces et nous préparer à un retour que nous appréhendions. Quand on démissionne, on tombe de haut. C'est brutal, comme changement. Quand vous démissionnez du conseil des ministres, dans les heures qui suivent, le ministère appelle à votre bureau de député, sur la colline parlementaire, pour récupérer les meubles. Sur le plan humain, c'est dur et humiliant.

Cependant, quand nous sommes rentrés au Canada, nous avons vécu un moment très intense, très émouvant. Les gens de Sherbrooke avaient nolisé des autobus. Ils m'attendaient à l'aéroport. Ils étaient venus me dire qu'ils croyaient toujours en moi et qu'ils m'appuyaient. J'avais parlé à mon père, pour m'excuser de l'embarras que je lui causais, et il m'avait répondu : « Au contraire, au contraire, je sais que tu vas te relever. » Nous avons assisté à une réception, à Montréal, donnée par les gens de Sherbrooke. Puis nous sommes allés passer un moment avec ma belle-famille, et avec ma famille à moi. Nous sommes ensuite rentrés à Ottawa et nous avons retrouvé nos enfants, dont la plus jeune, Alexandra, était née au mois de novembre précédent. Le lendemain, au moment d'entrer à la réunion du caucus, je me suis rappelé ce que ma mère disait toujours, que la vie continue, que l'important, c'est de se relever. Je savais déjà ce que j'allais faire. D'abord, je me suis levé, je me suis excusé des problèmes que j'avais pu causer à mes collègues et, ensuite, je leur ai répété que j'étais là pour travailler et faire ma part.

La même journée, je suis retourné à la Chambre des communes. Dans de telles circonstances, c'est un moment assez solennel. Comme ministre, vous étiez assis dans un fauteuil à l'avant de la Chambre. Maintenant, votre fauteuil se trouve quelque part à l'arrière, près des rideaux. Tout ce qui vous entoure physiquement vous confirme le changement dans votre situation. J'avais vu défiler ainsi les autres ministres qui avaient dû démissionner avant moi. La première fois qu'on entre en Chambre à la période des questions, il y a un silence. Tout le monde nous observe. Pour celui qui la fait, c'est une longue marche. Je me suis donc dirigé vers mon fauteuil. Je me suis assis et j'ai poussé un soupir de soulagement, en me disant : « Bon. C'est fait. La vie continue. »

Curieusement, alors que je croyais avoir tout jeté à l'eau, la période qui a suivi a été l'une des plus belles de notre vie. J'avais trente et un ans. Nous venions d'avoir notre troisième enfant. Antoine était encore très jeune, Amélie aussi. Nos enfants avaient besoin de beaucoup d'attention. Je m'étais beaucoup donné à mon travail durant les dernières années. Tout d'un coup, nous avons pu profiter d'une période de calme, où nous étions juste tous les cinq. J'ai pu passer plus de temps avec ma famille. On a pu ralentir le rythme, voir nos amis. J'étais moins sur la place publique, je passais plus de temps dans les Cantons de l'Est. J'avais enfin le temps de vivre et j'ai repris goût aux choses essentielles. J'ai réalisé à quel point mon travail de ministre avait absorbé tout mon temps, toute mon énergie. Cette période de calme a cependant été de courte durée.

Le pays avait changé

Quand, en 1986, le premier ministre m'avait appelé au cabinet pour la première fois, il m'avait également nommé à un comité du cabinet ayant pour mandat de préparer les négociations constitutionnelles sur l'unité canadienne. Ces négociations auraient pour but de permettre au Québec d'adhérer à l'Acte constitutionnel de 1982. Comme c'était un sujet auquel je m'intéressais depuis l'époque de mon cours de droit, j'étais à la fois heureux et flatté qu'on me confie cette responsabilité. Lowell Murray, à l'époque leader du gouvernement au Sénat et ministre des Affaires intergouvernementales, présidait le comité. Je retrouvais autour de la table Joe Clark, Jake Epp, Marcel Masse, Benoît Bouchard, Gerry Weiner et le sénateur Arthur Tremblay, véritable institution, l'un des pères de la Révolution tranquille et grand serviteur de l'État au Québec.

Notre mandat était donc de défricher le terrain en vue d'une rencontre qui devait avoir lieu plus tard entre les premiers ministres provinciaux et le premier ministre Mulroney. Ce comité a d'ailleurs clairement énoncé dès le départ qu'il était inutile d'amorcer de telles discussions si l'on doutait de leurs chances d'aboutir. Nous n'allions pas prendre le risque de lancer le gouvernement dans un débat qui allait consommer toute l'énergie du pays, comme cela avait été le cas en 1981-1982, sans nous assurer à l'avance de nos chances de réussite. En d'autres mots, on savait très bien à l'époque, et c'est encore vrai aujourd'hui, qu'il ne s'agit pas là d'un débat comme les autres, que ça coûte très cher en matière d'énergie et de temps, et que ce n'est pas un processus qu'on amorce avant d'avoir fait tous ses devoirs.

Ces discussions internes, à ce moment-là, se déroulaient sur la base d'un discours que Brian Mulroney avait prononcé à Sept-Îles pendant la campagne de 1984 et qui, en passant, ne constituait pas à l'époque un enjeu électoral majeur. Ce discours de Sept-Îles, où Brian Mulroney promettait de ramener le Québec dans le giron constitutionnel canadien « dans l'honneur et l'enthousiasme », est présenté par certains, aujourd'hui, comme ayant été le point tournant de la campagne de 1984 au Québec. C'est totalement faux. L'issue de la campagne était déjà décidée. Mulroney avait fait un discours important, certes, sauf qu'encore là, sur le plan de la méthodologie, il faut respecter les étapes. Pour en arriver à des amendements constitutionnels, il faut tout d'abord qu'une volonté politique soit exprimée en ce sens, ce que Mulroney avait fait.

L'étape suivante appelait une réponse, et la troisième étape nécessitait un consensus. Or, c'est exactement ce qui s'était passé. Pendant la campagne de 1984, Mulroney avait déclaré en gros: «Voilà, c'est un problème que je veux régler », sans toutefois dire comment, sans donner de détails. Cela n'aurait pas été à propos, ni pertinent non plus, de le faire. Nous n'en étions pas rendus là. La réponse est venue en 1985 du gouvernement libéral nouvellement élu de Robert Bourassa, pour qui cet enjeu-là n'avait pas non plus été au centre de sa campagne. Elle nous est arrivée dans un discours prononcé par Gil Rémillard au mont Gabriel, qui énonçait à ce moment-là six conditions pour que le Québec adhère à l'Acte constitutionnel de 1982. Et finalement, l'affaire a été scellée à la conférence qui a eu lieu en août 1986 à Edmonton, et au cours de laquelle les premiers ministres provinciaux se sont entendus pour entamer une nouvelle ronde de négociations sur la base des principes énoncés par le gouvernement du Québec.

Évidemment, il y avait eu, en prévision de cette conférence interprovinciale, des échanges et un effort d'orchestration auxquels je ne participais pas et que je ne soupçonnais même pas, pas plus d'ailleurs que la très grande majorité de mes collègues, et pour cause. En effet, quand on prépare une telle initiative, on ne le fait pas sur le coin d'une table. Les démarches de ce genre sont trop importantes dans la vie d'un pays pour être improvisées. Cela avait été fait avec honnêteté, et tous les morceaux étaient tombés en place. Une fois cette troisième étape franchie, nous avions donc ce que nous recherchions, c'est-à-dire un consensus et, sur le plan de la méthodologie, encore une fois, c'est très important. Nous voulions entamer une discussion, et nous avions maintenant un ordre du jour, qui comprenait la déclaration que Rémillard avait faite et à laquelle s'ajoutait, et ça n'avait rien de surprenant, certaines préoccupations venant des provinces de l'Ouest. En effet, monsieur Getty, le premier ministre de l'Alberta, qui présidait la réunion, avait tenu à ce que soit inclue à l'ordre du jour une réforme du Sénat. Brian Peckford, premier ministre de Terre-Neuve, avait quant à lui insisté pour que soit abordée la question de la gestion des pêcheries. Cela faisait partie du cours normal des choses, mais l'essentiel, c'est qu'on allait discuter de l'adhésion du Québec à l'Acte constitutionnel de 1982.

Dans la foulée de la réunion des premiers ministres provinciaux à Edmonton, durant l'été 1986, le comité du cabinet dont je faisais partie s'est attelé à la tâche de préparer la position fédérale en vue de négociations formelles entre tous les premiers ministres du pays, ce qui a été pour moi une expérience passionnante. Notre mission était d'offrir la meilleure réflexion possible au premier ministre et de

lui soumettre un scénario gagnant pour le pays, en définis-
sant bien sûr l'intérêt fédéral, le plus clairement possible.
Avec ces recommandations en poche, le premier ministre
est parti présider la réunion qui s'est tenue au lac Meech et
au cours de laquelle, à la surprise générale, les premiers
ministres en sont venus à un accord. Il s'était ouvert une de
ces fenêtres comme il s'en ouvre rarement dans l'histoire
d'un pays, et les efforts s'étaient conjugués pour faire de
cette négociation une réussite. La plupart des observateurs
à l'époque en étaient d'ailleurs stupéfaits.

Dans le mois qui a suivi, on a beaucoup parlé de cette
entente, mais sans que personne s'emporte et, si le ton, ici
et là, est monté un petit peu, ce n'était pas au point de faire
déraper l'affaire. Les premiers ministres se sont donc réunis
de nouveau à Ottawa, à l'édifice Langevin qui abrite les bureaux du premier ministre, pour mettre la dernière main à
la version juridique de l'entente. Encore une fois, la réunion,
qui s'était terminée très tard dans la nuit, avait abouti à une
entente. Encore une fois, les observateurs n'en croyaient
pas leurs yeux.

C'est alors qu'a débuté ce qu'il convient d'appeler
la saga de Meech. D'abord, on a assisté, au Nouveau-
Brunswick, au balayage en règle du gouvernement Hatfield
et à l'élection d'un gouvernement libéral sous la houlette
d'un nouveau premier ministre, Frank McKenna, qui
n'avait pas participé aux négociations du lac Meech et qui,
durant sa campagne, avait naïvement promis de ne pas
donner suite à l'accord conclu par son prédécesseur. Cet
événement a été suivi par la décision du gouvernement du
Québec d'invoquer la clause nonobstant pour protester
contre le jugement de la Cour suprême sur l'affichage, ce
qui a alors provoqué une réaction au Manitoba, où le gouvernement minoritaire de Gary Filmon se battait pour sa
survie contre deux adversaires, l'un libéral et l'autre néodémocrate, farouchement opposés à Meech. Devant le tollé de
protestations qu'avait provoqué dans sa province la décision

du gouvernement du Québec, Filmon a retiré son appui à l'Accord du lac Meech. Là, ça devenait sérieux. Ça dérapait à une vitesse que nous n'avions pas prévue.

Ce qu'il y avait de remarquable dans cette période-là, c'est que le contexte avait changé. Selon la culture de négociation qui avait toujours prévalu jusque-là dans les réunions entre les premiers ministres, les choses se décidaient à huis clos, entre les chefs de gouvernement, et étaient ensuite annoncées à la population. Ce que personne n'avait vraiment compris, c'est que, depuis l'adoption de la Charte canadienne des droits et libertés et le rapatriement de la Constitution de Grande-Bretagne en sol canadien, il y avait au pays des groupes de citoyens qui s'identifiaient de très près à la Charte. Les Canadiens en général s'identifiaient davantage avec la Constitution de leur pays. De telle sorte que ces gens-là se sont sentis non seulement directement concernés, mais, dans une certaine mesure, exclus des changements constitutionnels que nous proposions, et ils insistaient pour qu'on tienne compte de leurs intérêts et de leur avis. Les groupes de femmes, les francophones hors Québec, les anglophones du Québec, les minorités ethniques à travers le pays et, surtout, les peuples autochtones du Canada revendiquaient un droit de regard sur ces changements.

Il convient ici de s'attarder sur la dimension autochtone de toute cette histoire, qui prenait de plus en plus d'ampleur, d'autant plus que l'Accord du lac Meech avait été conclu dans la foulée de la conférence constitutionnelle de 1985 sur les peuples autochtones, qui avait été un échec et qui avait augmenté de plusieurs crans le niveau de frustration des Autochtones dans tout le pays. Sans bien le comprendre, on assistait alors à un nouveau phénomène : c'était le début d'une période d'affirmation pour les peuples autochtones du Canada. Les mouvements de ce genre ont souvent pour point de départ, et pour point de ralliement, un événement symbolique déclencheur. Or, malheureuse-

ment pour ceux qui croyaient à l'Accord du lac Meech,
celui-ci était devenu pour les Autochtones un symbole
d'exclusion.

Tous ces éléments conjugués faisaient en sorte que le
contexte dans lequel on proposait de conclure de nouveaux
amendements constitutionnels avait changé radicalement
depuis 1981-1982. À l'époque, on n'insistait pas sur la nécessité de tenir un référendum pour entériner les changements constitutionnels. Mais cette participation du peuple
à la prise de décisions constitutionnelles était maintenant
réclamée à cor et à cri. Malheureusement, les premiers ministres provinciaux et le premier ministre du Canada n'ont
pas prêté suffisamment attention à ce mouvement de con-
testation et ont continué à procéder. On se disait : « Ça va
s'arranger, on répondra aux préoccupations de McKenna
et de Filmon, mais ils ne vont sûrement pas aller jusqu'à
arrêter une affaire qui est aussi importante pour l'avenir du
pays. » On prévoyait un orage. Il allait bientôt se transformer en ouragan.

La tourmente

Pour bien se remettre dans le contexte de l'époque, il faut se rappeler qu'en 1987, au moment où l'Accord du lac Meech a été signé, les mécanismes qui permettaient de modifier la Constitution canadienne n'étaient en place que depuis cinq ans. Nous les mettions donc à l'épreuve pour la première fois. Le premier de ces mécanismes, appelé «formule d'amendement générale», exige l'approbation de sept provinces représentant 50 % de la population, avec un délai d'un an à l'intérieur duquel toutes les assemblées législatives du pays doivent ratifier les changements proposés. L'autre mécanisme, prévu en cas de changements constitutionnels portant sur certains sujets qui nécessitent un niveau de consentement supérieur, est beaucoup plus exigeant. Cette seconde formule d'amendement requiert en effet l'approbation unanime des provinces et du gouvernement fédéral. Or, le conseil que les premiers ministres avaient reçu était d'appliquer la règle la plus exigeante, c'est-à-dire l'unanimité, avec un délai de ratification non plus d'un an, mais de trois ans. Ils avaient donc tout ce temps devant eux pour faire entériner l'Accord par chaque assemblée législative. Si tout le monde avait été plus conscient de la réalité politique dans laquelle nous nous trouvions, qui était celle d'un pays inquiet, aux prises avec de profonds bouleversements économiques et sociaux, on aurait d'abord compris que la porte donnant accès à la possibilité de voir accepter une proposition de changement aussi importante, lorsque l'occasion se présente, ne reste pas longtemps ouverte. À moins qu'on ne passe au stade de ratification immédiatement, cette porte, inévitablement, se referme. C'est vrai ici, c'est vrai dans n'importe quel pays démocratique qui a l'ambition d'entreprendre des changements de cette envergure. Si on laisse une telle initiative sur la table trop longtemps, elle devient l'objet d'un débat politique dépassant les intérêts qui étaient en jeu au départ. Cela n'avait pas été compris, et tout s'est mis à déraper autour de Meech.

Les protestations des peuples autochtones se faisaient entendre de plus en plus fort. De leur côté, les gouvernements des territoires avaient des préoccupations légitimes. En effet, pour la nomination des sénateurs, l'Accord prévoyait la participation des gouvernements provinciaux. Les gouvernements territoriaux ont des sénateurs également, mais l'Accord était silencieux à leur sujet. À leurs yeux, c'était comme si on leur disait que, pour nous, pour les gens du Québec et d'ailleurs, ce n'était qu'un détail sans importance, alors que, pour eux, c'était important, cela avait valeur de symbole. Répondre à leurs préoccupations aurait nécessité un amendement fort simple, un geste civilisé en somme, qui consistait à dire : « Vous aussi, vous avez un gouvernement, alors, vous aussi, vous devriez être consultés sur la nomination des sénateurs représentant votre région. » Il n'y avait pas de bonne raison de ne pas le faire. Mais les positions entre-temps s'étaient beaucoup durcies. Du côté du gouvernement du Québec, on faisait monter les enchères aussi. Pour faire plier les opposants à l'Accord, on avait adopté la méthode du rouleau compresseur. Cela n'a pas eu l'effet escompté. Face à cela, les gens qui avaient des objections, souvent légitimes, se sont butés.

Arrivait également dans le décor, à Terre-Neuve, en 1989, le nouveau gouvernement de Clyde Wells qui non seulement n'avait pas participé aux négociations de Meech, mais qui, en plus, s'était donné pour mission de combattre l'Accord avec la dernière énergie. Sa position était à la fois dogmatique et intransigeante.

En 1988, Lucien Bouchard avait été nommé au cabinet, avant même d'être élu. Il arrivait de Paris où il était ambassadeur du Canada en France. Il avait également été nommé lieutenant du Québec, donc leader du caucus québécois et bras droit de Mulroney. C'était un moment très attendu, car jusque-là nous n'avions pas vraiment eu de lieutenant. Le poste de lieutenant, qui en fait ne comporte pas de description de tâches bien définies, est néanmoins très important sur le plan politique. La principale qualité du lieutenant est d'avoir la confiance du premier ministre. Le reste est secondaire. Ainsi, ceux qui font appel au lieutenant, qui lui demandent de les aider à pousser un dossier, savent qu'il peut en parler au chef du gouvernement et qu'il est capable de le faire bouger au besoin. Avant Lucien Bouchard, c'était Marcel Masse qui occupait le poste, mais on savait que Marcel n'avait pas l'oreille de Mulroney. C'est donc dans ce contexte que Lucien Bouchard arrivait.

Après l'élection de 1988 qui s'était faite sur la question très controversée du libre-échange avec les États-Unis, et qui avait donné lieu à des débats extrêmement acrimonieux, voire déchirants, le débat qui avait repris de plus belle autour de l'Accord du lac Meech prenait des allures fort inquiétantes. En effet, plus on avançait, et plus le gouvernement du Québec semblait s'ancrer dans des positions immuables, et plus les péquistes, qui avaient tout intérêt à naufrager l'Accord, le poussaient dans ce sens-là. Plus les déclarations devenaient enflammées, et plus il devenait difficile de ramener les gens à la raison. Ainsi, un incident tout à fait regrettable s'est produit au cours d'une conférence de presse conjointe d'un ministre québécois et de Lucien Bouchard, où tous deux ont suggéré que si la province de Terre-Neuve n'était pas contente, elle n'avait qu'à quitter la fédération. Avouons-le, surtout de la part d'un ex-diplomate, ce n'était pas la trouvaille du siècle. Le commun des mortels est libre de penser ce qu'il veut et même de le dire, mais quand on assume des responsabilités comme celles qu'avait Lucien au sein du gouvernement qui représente tous les Canadiens, on ne parle pas seulement en son nom personnel, on ne se laisse pas aller de la sorte. Ces déclarations ont jeté de l'huile sur le feu, et elles ont eu de graves conséquences sur la volonté politique des autres acteurs en scène. En même temps, dans le reste du pays, beaucoup de gens faisaient de la démagogie sur le dos de Meech, y compris Jean Chrétien qui, dans un discours donné en janvier 1990 à l'Université d'Ottawa, s'en est pris à la clause de l'Accord qui aurait reconnu le Québec comme une société distincte dans le Canada. À l'entendre, toute la question était de savoir si cette fameuse clause primerait sur les droits inscrits dans la Charte des droits et libertés, ce qui a suscité des réactions très émotives parmi des gens pour qui la Charte avait une valeur de symbole. Nous étions maintenant en plein ouragan.

« C'est toi qui devrais présider »

En mars 1990, comme on l'a vu, je ne siégeais plus au cabinet. J'avais démissionné deux mois plus tôt. Un samedi soir, Michou et moi étions invités à dîner chez une amie, Camille Guilbault, qui assurait la liaison entre le caucus et le bureau du premier ministre. Assistaient également à ce repas Pierre Blais et sa femme, Chantal, et Lucien Bouchard et son épouse, Audrey Best, que Michou connaissait car elles avaient été enceintes en même temps, Michou de notre troisième enfant Alexandra, et Audrey de leur premier-né. Donc, Meech à ce moment-là était un patient qui se mourait. Frank McKenna avait proposé une résolution d'accompagnement à l'Accord du lac Meech, une approche inspirée de l'histoire américaine (les Treize Colonies, quand elles avaient négocié leur premier accord constitutionnel, étaient arrivées à une impasse et, pour en sortir, avaient eu recours à une résolution parallèle d'accompagnement, qui permettait de préserver l'accord initial tout en répondant aux préoccupations de ceux qui s'y objectaient). C'était une façon habile de répondre aux inquiétudes, légitimes dans certains cas, de ceux qui voulaient corriger ce qu'ils considéraient comme des lacunes dans l'Accord de Meech, et de permettre ainsi à ce dernier de survivre.

Dans l'espoir de sauver l'Accord, le premier ministre Mulroney avait annoncé la formation d'un comité spécial de la Chambre des communes chargé d'étudier la résolution d'accompagnement, qui ne venait pas de lui mais du gouvernement McKenna. Le samedi suivant, donc, nous dînions chez Camille et, là, Bouchard a soulevé la question de la formation de ce comité, en me disant: « C'est toi qui devrais le présider. » J'étais surpris et, pour tout dire, méfiant parce que je savais que les dangers associés à une telle entreprise étaient nombreux. J'ai bien des défauts mais je ne suis pas naïf. D'autre part, la vie pour moi avait pris une autre tournure. Michou et moi étions très heureux. Nous savourions le temps que nous avions retrouvé. Certains autour de moi voyaient la proposition que Bouchard venait de me faire comme l'occasion de revenir au cabinet, de refaire mes preuves, sauf que, étant très conscient du fait que les risques étaient très élevés, j'hésitais avant d'accepter un pareil mandat.

Ce soir-là, nous avons parlé de la substance de la résolution d'accompagnement. En effet, une des préoccupations qui avait été à l'origine de l'opposition de McKenna à l'Accord de Meech était la litigieuse question de la *promotion* de la dualité linguistique au Canada. McKenna abordait cette question dans la perspective des Acadiens, soit le tiers des habitants de sa province, qui voulaient qu'on fasse la promotion de la langue et de la culture française en Acadie. À leurs yeux, le silence de l'Accord du lac Meech sur la question semblait vouloir dire qu'on minimisait l'importance et la valeur de leurs préoccupations. McKenna avait donc pris fait et cause pour eux, et sa résolution d'accompagnement le reflétait.

Il se trouve que, le jour même, le sénateur et constitutionnaliste Gérald Beaudoin avait écrit un article sur le sujet dans le journal *Le Devoir,* où il disait que ce que proposait McKenna n'était pas inquiétant parce que, dans sa formulation, la promotion de la dualité linguistique ne concernait que les domaines de compétence du gouvernement fédéral. Il n'y avait pas là de menace pour ceux des provinces, dont relève par exemple la Charte de la langue française. Dans la discussion qu'on a eue autour de la table, ce soir-là, j'ai dit à Bouchard que je partageais l'avis du sénateur Beaudoin, que c'était également mon interprétation de ce que McKenna proposait. C'en est resté là.

Le surlendemain, le lundi, Lucien et moi, nous nous sommes reparlé. Selon mon frère, qui travaillait pour lui, Lucien était très favorable à l'idée que je préside le comité. En même temps, il réfléchissait pour décider qui, du caucus du Québec, devrait en faire partie. C'était un comité de quinze membres. Il était donc très important de choisir des députés représentatifs, solides, crédibles aussi. Il y a eu entre nous un échange sur les noms possibles, avant même que j'aie accepté sa proposition. D'ailleurs, Lucien m'avait envoyé une note là-dessus à la période des questions, proposant les noms d'André Plourde et de Gabriel Desjardins. Ce sont effectivement ces deux députés du Québec qui, à sa demande et à la mienne quand j'ai accepté de présider le comité, se sont joints à ce dernier.

Dans l'après-midi, j'ai reçu un appel du premier ministre Mulroney qui désirait me voir. Je suis allé à son bureau. Il m'a demandé de présider le comité. J'avais eu le temps d'y réfléchir et j'ai accepté, avec certaines réserves dont je lui ai fait part. Je lui ai dit que je ferais tout mon possible, mais que j'avais besoin que le gouvernement me soutienne parce que je m'attendais à ce que les travaux du comité soient très controversés, à ce que nous soyons bombardés de toutes parts. J'ai reçu de nombreuses assurances, à la fois de la part de Lucien et de Mulroney, à savoir qu'ils allaient m'appuyer dans mes efforts. Néanmoins, le comité a commencé son travail sous un gros nuage. On avait un patient qui était mourant. Mon objectif était de le sauver pour que les premiers ministres puissent ensuite assumer leurs responsabilités. Le but poursuivi n'était pas d'offrir LA solution, mais plutôt de confectionner un menu à partir duquel les premiers ministres allaient pouvoir choisir les solutions qui leur paraîtraient convenables.

Le comité Charest

Quand j'ai accepté la présidence du comité spécial, deux membres de notre caucus qui étaient au Sénat, Gérald Beaudoin et Solange Chaput-Rolland, m'ont abordé pour me dire qu'ils aimeraient me rencontrer afin de me conseiller et de me donner une idée de ce à quoi je pouvais m'attendre. Ils avaient l'un et l'autre été membres de la commission Pépin-Robarts, mise sur pied en 1977 par le gouvernement Trudeau après l'élection du gouvernement Lévesque en 1976 et, en raison de leur expérience, ils pensaient avoir des choses utiles à me dire. J'ai immédiatement accepté. Ils sont venus me voir à mon bureau et m'ont mis en garde : « Prépare-toi bien. Ce genre de consultations, comme nous en avons fait l'expérience, attire souvent des gens qui sont mécontents, des gens aigris, qui vont dire des choses très dures, ce qui crée un contexte de travail extrêmement difficile. »

Quand le comité s'est réuni pour la première fois, il semblait évident que nous n'allions pas pouvoir produire un rapport unanime. On s'attendait à ce qu'il y ait des divergences de vues. La composition du comité s'y prêtait. Y siégeaient, entre autres, les libéraux André Ouellet, Robert Kaplan, Bill Rompkey, Ethel Blondin, une députée libérale des Territoires du Nord-Ouest, elle-même Autochtone, qui prenait beaucoup à cœur les revendications des peuples autochtones, les néodémocrates Svend Robinson et Lorne Nystrom. Chacun reconnaissait l'urgence d'agir. L'une de nos premières décisions a été de tenir les audiences non seulement à Ottawa, mais aussi dans les régions du Canada où l'opposition à l'Accord de Meech était la plus forte : les Territoires du Nord-Ouest, le Yukon, la Colombie-Britannique, le Manitoba et Terre-Neuve. Nous sommes tombés d'accord pour que les audiences du comité soient télévisées, ce qui ne s'était jamais fait dans le cas d'un comité se déplaçant à travers le pays.

Les audiences publiques ont commencé à Ottawa avec le témoignage de Frank McKenna, puisque c'était son gouvernement qui proposait la résolution d'accompagnement que nous avions le mandat d'étudier. L'atmosphère était tendue. Nous nous savions sous la loupe des médias. Puis il y a eu toute une série de témoignages de hauts fonctionnaires du gouvernement fédéral. Finalement, David Peterson, le premier ministre de l'Ontario, est venu témoigner. Après l'ouverture des travaux, nous nous sommes envolés, dans un avion des Forces armées canadiennes, pour Yellowknife dans les Territoires du Nord-Ouest. Là, ç'a été le choc. Un chef autochtone, Bill Erasmus, frère de George Erasmus (qui devait coprésider plus tard la Commission royale d'enquête sur les peuples autochtones) a fait un témoignage qui m'a bouleversé. Il se fichait complètement que Meech échoue, nous a-t-il dit en substance. Cela ne concernait nullement les peuples autochtones qu'il représentait. Qu'un tel échec puisse avoir des conséquences néfastes pour l'avenir du Canada ne semblait pas le déranger du tout, bien au contraire. « C'est votre pays, a-t-il lancé, ce n'est pas le nôtre. » Son témoignage très négatif non seulement sur Meech, mais aussi sur les relations entre Blancs et Autochtones, et sur l'avenir de ces relations, m'a consterné. C'était comme frapper un mur. J'étais découragé. Je ne voyais pas d'issue possible. Plus tard, dans l'avion qui nous emportait vers le Yukon, une de mes collègues,

Pauline Browse, qui allait plus tard devenir ma ministre d'État à l'Environnement, m'a fait parvenir une carte signée par les autres membres du comité pour me remonter le moral.

Au Yukon, le ton des audiences a changé. On a entendu le témoignage du chef du gouvernement néodémocrate du Yukon, Tony Penikett, dont les propositions étaient constructives et chez qui on sentait une volonté réelle de trouver des solutions qui permettraient à Meech de survivre, tout en tenant compte des intérêts des gens qui habitent dans le Grand Nord. Les objections qu'il formulait étaient modérées et raisonnables, à savoir que si Meech prévoyait que les gouvernements provinciaux soient consultés sur la nomination des sénateurs représentant leur province (une des « cinq conditions » du Québec), alors il devait en être de même pour les gouvernements des territoires. Cette préoccupation pouvait paraître sans importance à des gens de l'extérieur, mais elle reflétait le sentiment qu'avaient les gens des territoires d'être traités comme des citoyens de second ordre. C'était un commentaire qui me paraissait parfaitement sensé, mais qui devenait de plus en plus difficile à proposer parce que les gouvernements se polarisaient de part et d'autre. Au Québec, le Parti québécois, qui avait tout à gagner si Meech échouait, poussait le gouvernement libéral de Robert Bourassa dans ses derniers retranchements sur ces questions-là. Aucun compromis ne serait toléré ! C'était tout ou rien ! Cette inflexibilité faisait fi du bon sens, surtout lorsqu'on parlait de changements qui ne portaient aucunement atteinte aux intérêts du Québec.

Une fois arrivé en Colombie-Britannique, je me suis rappelé les paroles de Gérald Beaudoin et de Solange Chaput-Rolland. Nous avions loué une salle dans un hôtel bien connu de Vancouver. Les audiences commençaient à neuf heures du matin. Il faisait beau. Les gens étaient en forme. Au moment où je suis arrivé dans la salle, il y avait déjà plusieurs caméras de télévision, et le greffier m'a informé que le chef du Parti libéral de la Colombie-Britannique, Gordon Wilson, voulait absolument se faire entendre par le comité. Or, la liste de gens qui voulaient témoigner était interminable. Au départ, nous avions décidé d'entendre les chefs de gouvernement. Cependant, nos échéances étaient telles (le comité devait soumettre son rapport à la mi-mai, c'est-à-dire à peine un mois plus tard) qu'il nous était impossible d'entendre tous les chefs des partis d'opposition. Nous avions donc résolu de n'en entendre aucun, d'autant plus qu'ils avaient déjà un forum à l'intérieur de leur propre assemblée législative. Gordon Wilson étant chef d'un parti d'opposition, nous lui avons fait savoir que nous ne pouvions pas l'entendre. Il ne l'a pas accepté et, comme la politique se fait différemment en Colombie-Britannique, il a décidé, dès l'ouverture des travaux du comité dans sa province, de forcer les portes de la salle et de se faire entendre coûte que coûte.

Les portes se sont donc ouvertes brutalement, cédant le passage à monsieur Wilson qui, suivi d'une horde de journalistes et de caméras de télévision, est venu se planter au bout de la table et s'est mis à me haranguer, à me crier des bêtises, en exigeant d'être entendu. Mes collègues et moi étions sidérés d'avoir devant nous un homme politique qui se donnait en spectacle et qui aurait dû agir de manière plus responsable. C'était de la pure démagogie, et ça commençait très mal la journée, car il allait maintenant être difficile de ramener un peu d'ordre et d'avoir une vraie discussion.

La journée effectivement a été longue et difficile. Certains faisaient des témoignages constructifs, même émouvants. D'autres nous condamnaient sans autre forme de procès, et sans offrir l'ombre d'une suggestion qui aurait pu aider le pays à sortir grandi de cette crise. Selon la formule que nous avions adoptée, nous entendions pendant la journée des experts, des professeurs d'université, des représentants des milieux d'affaires, des chefs de gouvernement, des leaders autochtones. Cependant, nous avions également réservé une période, à la fin de la journée, pour entendre un certain nombre de citoyens qui avaient des choses à nous dire, à condition bien sûr qu'ils présentent un document. Chacun disposait de cinq minutes. C'était bien court, mais cela permettait au moins à ces gens d'avoir voix au chapitre, et il nous semblait que c'était la façon la plus juste de pouvoir inclure le plus de monde possible. Il restait donc, à la fin de cette pénible journée, à entendre les citoyens et, ce jour-là, ç'a été un martyre. Au début de chaque témoignage, je rappelais à la personne qui se trouvait devant moi qu'elle ne disposait malheureusement que de cinq minutes et, là, c'était la colère, la frustration. On m'invectivait. Pour une partie du public qui venait à nos séances, c'était une espèce d'exercice de défoulement. Les gens venaient dénoncer le traité de libre-échange entre le Canada et les États-Unis. Tout y passait.

Les audiences terminées à Vancouver, nous nous sommes envolés vers Winnipeg, où nous sommes restés deux jours et demi. Là aussi, encore une fois, ç'a été le choc. La salle était bondée. Pour une raison qui m'échappe encore aujourd'hui, les groupes de femmes au Manitoba étaient parties en guerre contre l'Accord de Meech. Je n'oublierai jamais le témoignage d'une jeune avocate, qui parlait au nom d'un groupe de femmes et qui s'objectait à Meech en alléguant que la clause qui reconnaissait le Québec comme une société distincte dans le Canada pourrait par la suite être utilisée par un gouvernement du Québec dans le but de forcer les femmes, dans cette province, à avoir des enfants, par exemple en interdisant l'avortement, afin de faire augmenter le taux de natalité. Je me rappelle la scène comme si c'était hier. J'étais assis dans mon fauteuil et je me disais: «Je rêve, c'est pas possible.» Je regardais la jeune femme qui parlait devant moi et qui me semblait parfaitement équilibrée. Elle était après tout avocate, elle avait fait son cours de droit. Rien d'autre dans son comportement ne laissait croire que cette personne-là aurait pu en arriver à une conclusion aussi absurde. C'est à ce moment précis que j'ai réalisé à quel point le débat public peut déraper. Ce qui m'a le plus frappé, ce n'était pas tant le fait qu'elle ait pu dire une énormité de cette nature, mais bien que la centaine de personnes qui se trouvaient dans la salle hochaient la tête. J'avais devant moi une salle remplie de gens parfaitement raisonnables, intelligents, instruits, issus du milieu universitaire, qui s'étaient laissé emporter à un point tel qu'on disait des énormités sans que personne se lève pour protester.

C'est là un exemple du contexte dans lequel on travaillait et de l'état du débat public à ce moment-là au Canada. C'est inquiétant, et il est bon de se rappeler que de temps en temps le débat public peut déraper. Les hommes et les femmes politiques ont alors la responsabilité de sonner l'alarme et de ramener les gens à la raison pour éviter que la situation ne dérape davantage. Il ne faut pas sous-estimer en tout cas la possibilité que cela puisse arriver. Au Canada, on pense être à l'abri de dérapages majeurs. Ce n'est pas vrai. Il suffit d'avoir vécu l'espèce de délire de la période de Meech et de celle de l'après-Meech pour s'en rendre compte.

Au cours de nos pérégrinations, je m'étais lié d'amitié avec Ethel Blondin, la députée autochtone (libérale) des Territoires du Nord-ouest, que j'appréciais beaucoup. C'était une femme entière, avec un mélange d'intelligence et de naïveté au service des principes auxquels elle croyait. Nous nous observions de près, elle et moi, pendant les audiences. Sa réaction était pour moi un baromètre, par rapport aux questions qui touchaient les Autochtones, de ce qui allait ou non être jugé acceptable, car elle s'était volontairement faite le porte-parole de leurs représentants au sein du comité. Dans un taxi, à Vancouver, entre deux réunions, je lui ai dit: «Tu sais, Ethel, ce serait tragique s'il fallait que les peuples autochtones soient l'obstacle ultime à l'Accord du lac Meech. Ce ne serait ni dans leur intérêt ni dans celui des Québécois. Ce serait tragique qu'on s'empêche les uns les autres de trouver notre place.» Elle m'a regardé dans les yeux et m'a répondu simplement: «Jean, on ne peut plus. On ne peut plus attendre. On ne peut plus faire de compromis.»

Au Manitoba, il y avait une situation politique unique aussi. Le gouvernement conservateur de Gary Filmon était minoritaire et ne pouvait pas faire autrement que de travailler en étroite collaboration avec les deux partis d'opposition. Il se trouvait coincé entre un chef libéral, Sharon Carstairs, farouchement opposée à Meech, et un chef néodémocrate, Gary Doer, tout aussi irréductible, qui comptait parmi son caucus le député autochtone Elijah Harper. Les chefs autochtones du Manitoba étaient complètement mobilisés contre l'Accord. Ils avaient des porte-parole qui s'exprimaient avec éloquence (dont Phil Fontaine et Ovide Mercredi) et qui, le soir, faisaient état de la position autochtone sur Meech à la télévision.

Le gouvernement Filmon avait mis sur pied une commission d'enquête qui était présidée par Wally Fox-Decent et qui avait tenu des audiences publiques à travers le Manitoba. Celle-ci avait présenté un rapport unanime proposant des amendements à Meech et que le gouvernement provincial avait fait sien. Dans le contexte du Manitoba, où, comme on l'a vu, le débat public avait dérapé à un point que je n'aurais pas cru possible, cela avait l'avantage de présenter dans un cadre assez formel des arguments bien étoffés, que nous avons longuement écoutés. En fin de journée, pendant la période réservée aux citoyens, Izzy Asper, homme d'affaires bien connu, alors propriétaire de Global Television et ancien chef du Parti libéral du Manitoba, est venu témoigner devant le comité. Comme je présidais, c'était à moi de lui dire qu'il n'avait que cinq minutes. Izzy Asper a piqué une colère terrible. *«What am I, chopped liver[2]?*» s'est-il indigné sous les applaudissements nourris de la salle.

Les audiences terminées au Manitoba, nous sommes partis à Terre-Neuve. À Saint-Jean, les témoignages ont duré une journée et demie, dans une atmosphère très tendue. Un de nos premiers témoins était le maire de Saint-Jean. Tout son témoignage n'était qu'une longue liste de revendications à l'endroit du Québec, au cœur desquelles on retrouvait l'épineuse question du contrat hydroélectrique de Churchill Falls[3]. Dans le fond, son témoignage se résumait à dire: «Si seulement les Québécois avaient été corrects avec nous pour Churchill Falls, on serait peut-être plus ouverts à Meech aujourd'hui.» Quand il a eu fini de parler, je lui ai demandé si le contrat de Churchill Falls avait quelque chose à voir avec sa position par rapport à Meech, et il m'a répondu que non, sauf que tout son témoignage démontrait le contraire. Je me rappelais ce que Gérald Beaudoin et Solange Chaput-Rolland m'avaient dit. Tout se mêlait dans une espèce de fouillis indescriptible de revendications qui n'avaient finalement rien à voir avec le but initial de l'Accord de Meech.

Puis nous avons écouté le premier ministre terreneuvien Clyde Wells qui, flanqué de son assistante Deborah Coyne, venait expliquer son opposition à Meech. Quand j'ai entrepris Wells sur la substance de ses arguments, la chicane a pris dans le comité. Le député du Labrador Bill Romkey m'a apostrophé, m'accusant de manquer de politesse à l'endroit de Wells. Tout a failli éclater à ce moment-là. Par contre, on a eu aussi d'autres témoignages très forts, dont celui de Craig Dobbin, alors propriétaire de Canadian Helicopter, qui était à peu près le seul dans sa province à

---

[2] L'équivalent de: «Pour qui me prenez-vous?»

[3] Contrat signé entre la Churchill Falls Corporation (Labrador) et Hydro-Québec, sur la construction et l'exploitation du barrage hydroélectrique des chutes de la rivière Churchill, au Labrador, d'une durée de soixante-cinq ans, et dans lequel Terre-Neuve estimait avoir été flouée.

défendre une position en faveur de Meech et qui, ce jour-là, a fait preuve de beaucoup de courage et d'objectivité. C'était un homme d'affaires influent qui n'avait rien à gagner et tout à perdre en exprimant, par conviction, des vues contraires à l'opinion quasi unanime dans sa province.

Le rapport Charest

Nous sommes ensuite revenus à Ottawa, et les délibérations du comité ont commencé. Pendant ces travaux, j'informais régulièrement Lucien Bouchard, directement ou par l'entremise de mon frère Robert, de ce qui se passait. À mes yeux, Lucien Bouchard jouait un rôle extrêmement important. Comme il était le lieutenant du Québec, c'était à lui de rallier à la fois les ministres et le caucus du Québec. Tous les mardis matin avait lieu un petit déjeuner des ministres du Québec. Le mardi soir, le caucus du Québec se réunissait et, le mercredi matin, il y avait un caucus national. C'était donc au cours du petit déjeuner des ministres que je comptais sur Lucien pour informer ses collègues et les rallier. Ainsi, j'ai personnellement informé Lucien du fait que le rapport contiendrait fort probablement une proposition qui répondrait aux préoccupations des Autochtones, ce à quoi il n'a fait aucune objection. Une autre fois, on a parlé de la question de la promotion de la dualité linguistique, qu'il avait du mal à accepter, et sur laquelle nous étions en désaccord.

Les représentants des trois partis (Robert Kaplan pour les libéraux, Lorne Nystrom pour les néodémocrates et moimême pour le gouvernement) avaient convenu de la nécessité de soumettre un rapport qui soit court, succinct, et qui

allait présenter un menu d'options pour les premiers ministres. C'est d'ailleurs à ce moment-là que nous nous étions
rendu compte, mes collègues et moi, qu'il allait être possible de déposer un rapport unanime. Nous avions donc
dressé une table des matières, que j'ai remise à Lucien en
l'informant de la teneur du rapport que nous rédigions et
en lui demandant d'en faire part à nos collègues du Québec. Il m'a assuré qu'il allait le faire, puis il m'a annoncé, en
réponse à une question de ma part, qu'il allait être absent
du Canada le jour où le rapport allait être rendu public. Or,
nous étions à environ dix jours de cette échéance !

Je tombais des nues. Mon frère Robert, qui travaillait
pour lui comme attaché politique et qui l'informait quoti-
diennement de l'évolution du dossier, ne le savait même
pas. C'était un fait nouveau, que j'apprenais pour la première fois et qui m'inquiétait au plus haut point. D'emblée,
je trouvais inconcevable que Lucien soit absent ce jour-là
et je le lui ai dit. Je n'étais pas naïf. J'avais dit clairement
à Mulroney que je prendrais une journée après la publication du rapport pour faire une tournée des médias, mais
qu'après cela je me retirerais, sachant très bien que le rapport allait survivre ou sombrer dans les vingt-quatre heures
qui suivraient. Je savais également que, dans le second cas,
Mulroney serait obligé de s'en distancer le plus rapidement
possible. La dure réalité politique était que sa responsabilité
de premier ministre du Canada dépassait de loin le travail
du comité et celui de Jean Charest, et qu'il fallait qu'il
puisse avoir les mains libres afin de tout mettre en œuvre
pour que Meech survive. Cela dit, pour donner toutes les
chances au rapport d'être accepté dans l'opinion publique,
il fallait que le gouvernement le défende et, à plus forte
raison, que son principal porte-parole sur la question
québécoise le défende. Si Lucien Bouchard ne le faisait pas,
s'il n'était même pas présent pour le faire, la partie était
perdue d'avance. Pas besoin d'être un génie pour prévoir
que, ce jour-là, Jacques Parizeau allait tirer à boulets rouges

sur le rapport. Son discours était écrit à l'avance. Rien d'imprévisible ni de bien sorcier là-dedans. Il allait hurler au meurtre, nous dénoncer pour haute trahison. Plus scripté que ça, comme on dit chez nous, tu meurs!

Tout de suite après cette conversation avec Lucien, je suis monté à mon bureau et j'ai appelé Mulroney pour lui en rapporter le contenu, en répétant qu'il fallait absolument que Lucien soit présent pour la publication du rapport et que, s'il ne l'était pas, cela allait transmettre un signal très négatif. Mulroney et Lucien, des amis intimes et de longue date, devaient partir ensemble ce soir-là pour Montréal (ils allaient assister à un événement au Ritz-Carlton dont le but était de souligner un anniversaire associé à la commission Cliche). Le premier ministre m'a assuré qu'il allait parler à Lucien.

Quelques jours plus tard, Lucien quitte le Canada pour assister à une conférence des ministres de l'Environnement sur les changements climatiques à Bergen, en Norvège. Au cours de cette conférence, il annonce, sans autorisation préalable du conseil des ministres, que le Canada s'engage à réduire les émissions de gaz à effet de serre au niveau de 1990 pour l'an 2000, geste incroyable qui sème la zizanie parmi ses collègues du cabinet et les ministères du gouvernement, et qui soulève un tollé dans les milieux d'affaires canadiens.

Pendant que Lucien se trouve à Bergen, nous lui faisons parvenir par télécopieur les ébauches successives du rapport que nous sommes en train de rédiger, dans le but d'obtenir ses réactions. Il ne répond pas. Pire, le 17 mai, le jour où le rapport doit être rendu public, on apprend qu'il n'est plus à Bergen, la conférence ayant pris fin, mais à Paris, où il a décidé de prendre quelques jours de vacances. Je tente à plusieurs reprises de le joindre, sans succès. Il est pour ainsi dire *incommunicado*. Après m'avoir lui-même pressé de présider le comité, et sans jamais m'avoir laissé soupçonner qu'il avait de sérieuses réserves à l'endroit du rapport que nous préparions et dont il connaissait le contenu, le voilà introuvable, loin du feu de l'action. C'est alors que je me rends compte qu'il n'y a plus de doute possible, que son absence a été soigneusement planifiée. Le 18, tel que promis, je consacre ma journée aux entrevues avec les médias. Je me rends à Montréal rencontrer les éditorialistes de *La Presse*. Le samedi 19 mai, tandis que je multiplie les appels à Paris dans une vaine tentative de le joindre, Lucien lance un premier missile, sous la forme d'un télégramme d'appui à une assemblée du Parti québécois commémorant le dixième anniversaire du référendum de 1980, à Alma, dans son comté. Le dimanche, impossible encore de parler à Lucien qui est en transit entre Paris et Ottawa. Pressentant qu'il prépare un geste dramatique, je téléphone à Camille Guilbault, à Ottawa, pour lui suggérer de réunir les autres ministres du Québec chez elle pour le dîner le lendemain soir. Ensuite, je les appelle tous pour leur transmettre l'invitation.

C'est une longue fin de semaine. Le lundi, donc, je repars en voiture des Cantons de l'Est, avec Michou et les enfants, pour rentrer à Ottawa. Pendant tout le voyage, sur mon téléphone cellulaire, j'essaie en vain de joindre Lucien à son bureau. Chaque fois, il refuse de prendre l'appel. Michou est au volant. Nous sommes très irrités. Les bébés pleurent en arrière. Nous finissons par arriver à Ottawa et, dans l'après-midi, je me rends au Parlement. Je monte au bureau de Lucien pour tenter de le rencontrer. Il refuse de me recevoir. Je contacte alors Pierre Blais, qui est très proche de lui. Blais est également désespéré. Il essaie lui aussi de voir Lucien et finit par le rencontrer en fin d'après-midi. Ils ont une discussion déchirante, au cours de laquelle Lucien lui annonce qu'il va dénoncer le rapport et démissionner.

Blais se sentait trahi, et moi encore davantage. Lucien m'avait demandé de présider un comité qui avait pour mandat de formuler des recommandations sur une résolution d'accompagnement à l'Accord du lac Meech. Comment pouvait-il prétendre s'étonner du fait que notre rapport contenait des propositions visant à améliorer les chances de succès de Meech ? Cela allait de soi. Dès le moment où l'on acceptait l'idée de créer un comité spécial qui tiendrait des audiences publiques pour entendre les objections des opposants à l'Accord, il était évident que nous allions émettre des recommandations qui tiendraient compte de ces objections, sinon il n'y aurait jamais eu de comité. Ça tombait sous le sens. En dénonçant le rapport, Lucien Bouchard allait prononcer l'arrêt de mort de Meech.

La suite est connue. Le lendemain, mardi 22 mai, dans un geste manifestement calculé, prémédité et bénéficiant d'un battage médiatique sans précédent, Lucien Bouchard démissionne avec fracas du gouvernement. En lisant sa lettre de démission, je constate, incrédule, jusqu'où Lucien est prêt à tordre les faits pour les assujettir à ses arguments du moment. Il y soutient en effet: «C'est avec stupeur que j'ai appris, la semaine dernière, en Europe, que ce rapport propose, comme base de discussion à une éventuelle conférence des premiers ministres, une liste de quelque vingt-trois *modifications,* dont plusieurs changent l'essentiel des conditions de l'accord.» D'abord, ce qu'il dit est faux. Le rapport contient vingt-trois *recommandations,* dont les deux tiers ne portent même pas sur les «cinq conditions» de Meech. Ensuite, il a été tenu fidèlement informé, tout au long du processus, de la substance des propositions dont il prétend aujourd'hui s'indigner. Pire, si à la toute fin il ne l'a pas été, c'est qu'il a tout fait pour s'assurer de ne pas l'être.

Le naufrage

J'étais en état de choc. Nous l'étions tous. À Québec, seuls les péquistes jubilaient. De notre côté, nous avions fait confiance à Lucien. Nous n'avions pu en aucune façon prévoir la trahison qu'il préparait si soigneusement. Je me rappelais la réunion du caucus du Québec qui avait eu lieu, au lac Meech justement, au mois de mars, juste avant l'annonce de la formation du comité spécial sur la résolution d'accompagnement. La discussion, ce jour-là, avait été très intense, très émotive. Lucien, après avoir écouté attentivement tout le monde, avait conclu la réunion en disant à peu près ceci : « Premièrement, il faut donner toutes les chances possibles à Mulroney de pouvoir sauver Meech, il faut l'appuyer dans ses initiatives ; deuxièmement, il va falloir nous discipliner pour éviter que le débat ne dérape ; il ne faut donc pas faire de déclarations intempestives ; et troisièmement, si Meech échoue, on a prévu un caucus d'été à Gaspé, au mois d'août, qui sera pour nous l'occasion de faire le point. » À l'époque, ces paroles m'avaient semblé pleines de bon sens. À noter en passant que, en cas d'échec, il repoussait la réaction du caucus du Québec à bien après la date butoir du 23 juin.

Après la démission de Lucien Bouchard, Mulroney s'est ressaisi rapidement. Il a réuni tous les premiers ministres provinciaux pour une ultime séance intensive de négociations, à l'issue de laquelle ils ont finalement adopté une entente, le 9 juin 1990, qui reflétait à 90 % le contenu du rapport de notre comité. C'était inévitable. Nous n'avions, après tout, rien inventé. Nous avions simplement exposé les principales revendications de ceux qui s'opposaient à l'Accord du lac Meech. Néanmoins, ce soir-là, à la cérémonie de signature qui a clôturé les négociations, j'ai eu un pressentiment de ce qui nous attendait. On m'avait assis le plus loin possible en arrière, pour éviter sans doute que je ne sois vu par les caméras de télévision. En politique, en effet, quand vous n'êtes plus en état de grâce, vous êtes *physiquement* écarté. On m'avait donc mis très loin, dans les gradins. Un peu plus haut, comme on dit chez nous, j'aurais saigné du nez. Tandis que j'observais le déroulement de la cérémonie, deux événements se sont produits qui, à mes yeux, annonçaient clairement la suite des choses. D'abord, Clyde Wells avait fait écrire dans le document qu'il acceptait de signer un astérisque où il précisait que, pour être effective, la caution qu'il venait d'accorder au texte final allait devoir être soumise à un vote à l'Assemblée législative de sa province. Après avoir apposé sa signature, il avait conclu en disant qu'il fallait que tous les Canadiens soient d'abord des Canadiens. De tels propos auraient semblé parfaitement banaux dans la bouche d'un Américain, mais le Canada n'est pas le melting-pot américain. Nos réflexes sont différents. Au Québec, dans l'atmosphère survoltée qui régnait alors, on risquait de lire dans ses paroles une volonté d'uniformité, même d'assimilation. C'est à ce moment-là que j'ai réalisé qu'il n'avait pas compris, ou refusait de comprendre, que ce que l'Accord de Meech cherchait à accomplir, c'était justement une réconciliation des identités. Ce soir-là donc, même si tout autour de moi l'atmosphère était à la fête, j'étais très déprimé. J'étais assis à côté de Gérald Beaudoin et de Solange Chaput-Rolland, et je leur ai dit : « C'est fini. »

Dès le lendemain, lorsque le premier ministre Mulroney m'a appelé pour connaître ma réaction, je lui ai fait part de mes inquiétudes: «Je pense que vous allez avoir des difficultés. Ça va être très dur.» Il a paru surpris. Lui-même était plein de confiance. Il m'a tout de suite répondu qu'il n'y avait aucun problème, que ça allait se régler, que Wells avait donné sa parole. Cependant, Wells était un politicien d'un type très particulier, un homme dogmatique, buté et absolument convaincu d'avoir raison, à tel point qu'il n'écoutait plus, sans compter qu'il était aveuglé par l'appui qu'il recevait d'une partie de l'opinion publique, qui l'inondait de lettres le suppliant de ne pas céder.

Le 23 juin, dernier jour du délai de trois ans prévu pour la ratification unanime de l'Accord par le gouvernement canadien et les dix provinces, j'étais à Calgary où la télévision de Radio-Canada m'avait invité à venir commenter le déroulement de la course au leadership du Parti libéral fédéral. Arrivé le matin, je suis reparti le soir même, sur un vol de nuit où il y avait plusieurs libéraux fédéraux. Ce jour-là, Jean Chrétien avait été élu chef du Parti libéral fédéral à Calgary, le jour même où Meech échouait. À Terre-Neuve, malgré tous les efforts de Mulroney qui était allé lui-même tenter de convaincre les députés récalcitrants de ratifier l'Accord, Clyde Wells avait annulé la tenue du vote. À l'Assemblée législative du Manitoba, un député autochtone néodémocrate du nom d'Elijah Harper avait refusé de donner son consentement à Meech, empêchant ainsi le vote unanime qui aurait permis de ratifier l'Accord. C'était d'une tristesse, mais d'une tristesse…

Une des importantes leçons que j'ai retirées de toute cette expérience concerne la nature du débat public, et l'incroyable fragilité de la paix sociale dont nous jouissons. Un des grands défis auxquels font face les hommes et les femmes politiques, ici comme ailleurs, c'est d'apprendre à faire la distinction entre l'immédiat et le plus long terme, et à départager l'un de l'autre afin de prendre les meilleures décisions possibles. Une autre conclusion que je retiens de Meech, c'est que ç'a été la bougie d'allumage pour une période d'affirmation des peuples autochtones. Dans leur cas, il se passait quelque chose qui allait au-delà de Meech. Pour eux, un point de non-retour avait été atteint. C'est à ce moment-là qu'ils ont, collectivement, décidé qu'ils en avaient assez et qu'ils n'allaient plus accepter d'attendre leur tour. Étant moi-même issu d'une région, les Cantons de l'Est, où il n'y a pas beaucoup d'Autochtones, j'avais beaucoup à apprendre au sujet de leurs préoccupations. Pour moi, le moment déterminant s'est produit à Vancouver, au moment des audiences publiques du comité spécial, quand Ethel Blondin m'a dit : « Jean, on ne peut plus. » C'est là que j'ai compris qu'il y avait un degré de frustration tel que, pour eux, plus rien n'était possible. Ça touchait à leur survie et, s'il y a quelque chose que les Québécois peuvent comprendre, c'est le besoin de survivre.

C'était le début d'une période d'affirmation pour les peuples autochtones du Canada, comparable, d'une certaine manière, à ce que les francophones avaient vécu dans les années 1960. Cette affirmation, elle est souhaitable. Elle est même inévitable. C'est un processus pénible pour tout le monde, et, en particulier, pour les peuples autochtones eux-mêmes ; cela va exiger qu'ils assument pleinement leur destin et leurs choix, mais c'est un passage obligé pour qu'ils puissent enfin trouver leur place. C'est un phénomène avec lequel nous allons vivre pendant au moins les vingt prochaines années, et qui correspond à un changement profond, un changement qui se fait d'abord sentir à l'intérieur de leurs communautés et avec lequel tous les gouvernements vont devoir composer. Quant à Elijah Harper, il est rapidement devenu un bouc émissaire. Dans le fond, ça faisait l'affaire de beaucoup de gens, de laisser Elijah Harper porter l'opprobre du naufrage de Meech. Au Québec, l'opinion publique s'est cabrée. La fièvre nationaliste, fouettée par les péquistes depuis des mois et portée

à son comble par la démission de Lucien Bouchard quelques jours plus tôt, a explosé le 24 juin, fête de la Saint-Jean-
Baptiste. Les chefs souverainistes, Bouchard en tête, exul-
taient. L'intransigeance, le discours du « tout ou rien »
avaient porté fruit. Quant à moi, c'était le jour où j'ai eu
trente-deux ans. Triste, triste anniversaire que celui-là.

Le Plan vert

L'été qui a suivi a été long, au Québec comme dans le reste du Canada. Michou, les enfants et moi avons passé dans les Cantons de l'Est quelques semaines de calme salutaire. À l'automne, je suis retourné à la Chambre des communes, dont les travaux se déroulaient avec, en bruit de fond, les audiences de la commission Spicer, qui avait été mise sur pied pour consulter les Canadiens, surtout dans les provinces anglophones, sur la suite à donner à l'échec de Meech, et qui devenait de jour en jour une espèce de gigantesque séance de défoulement collectif.

De mon côté, je me consacrais à mon travail de député. Au printemps 1991, le premier ministre m'a réintégré dans le conseil des ministres en me confiant le portefeuille de l'Environnement, et il m'a nommé au comité du cabinet sur les priorités. Il faut savoir que, dans le gouvernement Mulroney, le cabinet était tellement gros (il comptait une quarantaine de ministres) qu'il était devenu une sorte de supercaucus, qui se réunissait toutes les deux semaines. Le vrai cabinet, au sens classique du terme, était le comité des priorités, qui se réunissait chaque semaine et comptait une quinzaine de ministres (donc un quorum suffisant pour former un cabinet). Être membre du « grand cabinet », c'était en fait l'équivalent d'être membre du « caucus des ministres ».

En politique canadienne, il y a un monde de différence entre un député et un ministre, mais il existe une distinction tout aussi tranchée entre un ministre d'État et un ministre sénior. Dans le gouvernement Mulroney, il existait une hiérarchie formelle entre les ministres séniors eux-mêmes, selon qu'ils siégeaient au comité des priorités ou au comité des opérations, un cénacle encore plus restreint qui ne comptait que cinq ou six ministres et qui était en réalité le véritable centre de décision du gouvernement. Cela dit, en me nommant au comité des priorités, le premier ministre montrait que l'Environnement demeurait pour lui un dossier prioritaire.

Quant à moi, je m'intéressais aux problèmes environnementaux depuis longtemps. Dès ma première campagne, en 1984, j'en avais fait un enjeu électoral sur la scène locale. Par ailleurs, l'opinion publique commençait à s'inquiéter sérieusement de l'émergence de problèmes environnementaux majeurs, tels que le réchauffement de la planète. À tel point que nous avions prévu faire de l'environnement notre cheval de bataille pour les élections de 1988, avant que la question du libre-échange ne vienne occuper toute la place. Après la réélection de notre gouvernement, le ministre de l'Environnement Tom McMillan ayant été défait dans son comté, à l'Île-du-Prince-Édouard, Lucien Bouchard avait demandé et obtenu le portefeuille de l'Environnement. Ce qui semblait l'intéresser, à l'époque, c'était qu'une partie très importante du travail du ministre canadien de l'Environnement a trait à ses relations avec son vis-à-vis américain. Au Canada, le dossier de l'environnement, à l'échelle fédérale, c'est le dossier de nos relations avec nos voisins du sud. Nous avons la plus longue frontière du monde. Les Grands Lacs, le fleuve Saint-Laurent et une foule de rivières, dont nous partageons l'eau et les poissons, la qualité de l'air sont des questions qui concernent également nos deux pays. Le ou la ministre de l'Environnement est donc appelé à avoir des contacts très fréquents avec le gouvernement américain. C'est, je crois, ce qui attirait Bouchard dans ce ministère.

Bouchard, du temps où il avait été ministre de l'Environnement du Canada, avait voulu lancer un Plan vert. S'étant de toute évidence mis dans la tête que pour laisser sa marque à Ottawa, il fallait mettre en place un grand projet qui coûtait très cher, il avait laissé entendre que son Plan vert allait coûter 10 milliards de dollars. Cette initiative avait provoqué un long débat à l'intérieur du gouvernement qui s'était poursuivi après son départ, quand Robert-René de Cotret lui avait succédé. Comme ministre de l'Environnement, de Cotret, qui avait été président du Conseil du Trésor, était un choix judicieux de la part de Mulroney. C'était un technicien aguerri, qui comprenait parfaitement le fonctionnement de l'appareil fédéral. Il était probablement, au sein du gouvernement, la personne la mieux placée pour faire cheminer le Plan vert à travers le système et assurer sa transition de l'état de projet à celui de politique gouvernementale. Une fois que le Plan vert, sous sa gouverne, avait franchi les étapes nécessaires et qu'il était devenu un plan de développement durable, d'une valeur de 3 milliards de dollars sur une période de six ans, le moment était venu de le lancer politiquement. Or, l'une des premières annonces que Robert devait faire, à propos de l'ouverture d'un centre de recherche de 25 millions de dollars sur la qualité de l'eau des Grands Lacs, avait viré en cirque lorsqu'un manifestant de Greenpeace avait interrompu la conférence et s'était mis à engueuler de Cotret devant les caméras de télévision. La nouvelle était sortie toute croche à la télé, et Mulroney en avait conclu que de Cotret n'était peut-être pas la meilleure personne pour faire la promotion du Plan vert auprès de l'opinion publique canadienne.

Lors du remaniement ministériel qui a suivi, le premier ministre m'a donc confié la responsabilité du ministère de l'Environnement, en me disant clairement que « ma job » consistait à effectuer le lancement du Plan vert, que c'était

un peu comme la naissance d'un bébé et que je devais m'occuper de cet enfant-là et le faire grandir. C'était par conséquent ma mission et, effectivement, le défi était de taille.
J'héritais d'un ministère d'environ quinze mille personnes,
où j'ai très vite découvert une équipe de fonctionnaires de
tout premier ordre, composée de scientifiques, de cher-
cheurs, d'experts, bref, de gens dévoués qui travaillaient
sans relâche, et surtout qui croyaient à la cause de l'environnement. Mon sous-ministre, Len Good, était un homme
d'une compétence exceptionnelle. J'avais une sous-ministre
associée du nom de Lorette Goulet, une femme très compétente également. Nous nous sommes lancés dans la réalisation du Plan vert avec beaucoup de détermination, au
point que nous avons fait approuver quatre-vingt-sept docu-
ments du cabinet en l'espace de huit mois, un record de
tous les temps. Inutile de dire que toute l'équipe a travaillé
littéralement jour et nuit pour en arriver là, d'autant plus
que presque chaque initiative était contestée par l'un ou
l'autre de mes collègues. En effet, le niveau d'adhésion
autour de la table du cabinet n'était pas très fort. Ce n'était
pas un accouchement naturel pour ce gouvernement-là.

D'ailleurs, Lucien Bouchard (qui siégeait maintenant
comme député du Bloc québécois à la Chambre des communes), par son annonce unilatérale à Bergen, en Norvège, au printemps 1990, avait miné les relations entre le
ministère de l'Environnement et tous les autres ministères
à Ottawa. Depuis qu'il avait fait ce geste, qui, avec le recul,
laissait présumer qu'il savait, à ce moment-là, qu'il s'en allait
et qu'il se fichait éperdument des conséquences, les ondes
de choc n'en finissaient plus de se propager à l'intérieur du
gouvernement. Ainsi, chaque fois que je proposais quelque
chose, on me disait : « Mais là, cette fois, vous ne ferez pas
comme vous avez fait à Bergen, vous n'allez pas agir de
manière unilatérale ! » En fait, ce n'était pas moi qu'on blâ-
mait, mais les fonctionnaires du ministère, qu'on soupçonnait d'avoir encouragé Bouchard à prendre la position qu'il

avait prise, alors qu'ils n'avaient pas eu leur mot à dire. Chaque fois donc que je me présentais au cabinet avec une nouvelle initiative, c'était la bataille. Pourtant, j'avais la mission de le lancer, ce Plan vert. C'était d'ailleurs un des seuls plans de développement durable au monde. Le Canada se trouvait alors dans un club restreint de pays qui s'étaient donné des plans de développement durable.

Il faut comprendre que, dans le cas du Canada, toute la question de l'environnement revêt une très grande importance sur le plan économique, pour la bonne raison que, de tous les pays développés, nous sommes le pays qui dépend le plus de son environnement pour gagner son pain et son beurre. Notre économie, c'est la forêt, avec les pâtes et papiers et le bois d'œuvre ; c'est l'énergie, avec les hydrocarbures et l'énergie hydroélectrique ; c'est l'agriculture, avec le blé, les céréales, les produits laitiers, la volaille, le bœuf, le porc ; c'est la pêche, une pêche menacée, tant sur la côte atlantique que sur celle du Pacifique ; c'est tout le secteur minier ; c'est la gestion de nos eaux, de nos territoires nordiques. Quand on fait le tour de la question, notre économie, c'est l'environnement. Ajoutez à cela que le Canada, parmi les pays industrialisés, est avec l'Allemagne le pays qui dépend le plus de ses exportations. C'est dire à quel point nous sommes vulnérables aux marchés extérieurs et aux perceptions qu'ont les consommateurs étrangers de la façon dont nous gérons notre économie et notre patrimoine environnemental. Plus que jamais aujourd'hui, l'environnement est devenu un facteur dont tiennent compte les consommateurs dans le choix des produits qu'ils achètent.

À l'époque, l'exemple le plus frappant de ce phénomène était le domaine des pâtes et papiers. Un de mes mandats était de mettre à jour la réglementation concernant les papetières, une réglementation alors vieille de vingt ans au Canada. À ce moment-là, nous sortions d'une récession et, en plus, l'industrie des pâtes et papiers, qui est soumise à des mouvements cycliques, se trouvait au bas d'un cycle. Pourtant, l'Association canadienne des pâtes et papiers souhaitait une réglementation environnementale resserrée. Pourquoi ? Parce que les producteurs de pâtes et papiers souffraient d'une perception qui était répandue à l'étranger et selon laquelle la réglementation de leur industrie n'était pas adéquate. Pour cette raison, ils perdaient, ou risquaient de perdre, des ventes très importantes en Europe, en particulier en Angleterre et en Allemagne. C'est donc dire à quel point notre gestion de l'environnement a un impact sur notre avenir économique. Un autre exemple de ce problème était celui de la chasse au phoque. Les chasseurs de phoque canadiens vous diront que leur occupation correspond à un mode de vie qui date de quatre cents ans, donc plus ancien que le Canada, et parfaitement légitime. Sauf que la perception qu'en ont les marchés étrangers a causé un tort irréparable à l'industrie de la fourrure au Canada. Face à cela, notre réflexe devrait être de répondre. Peu importe la réalité, si la perception qu'ont les consommateurs étrangers est que nous ne gérons pas correctement nos ressources, c'est nous qui en souffrons. C'est nous qui en payons le prix. L'environnement est donc pour nous un enjeu économique de première importance.

L'autre facteur dont il faut tenir compte, c'est la possibilité d'une poussée de protectionnisme « vert », c'est-à-dire la mise en place, dans les pays avec qui nous faisons affaire, d'une réglementation visant à empêcher l'importation de produits qui, dans leur composition ou leur fabrication, ne respectent pas un certain nombre de normes environnementales. Si jamais ce phénomène devait prendre de l'ampleur, le Canada serait le plus vulnérable de tous les pays. On ne peut pas, dans ce domaine, se permettre un seul instant de recul ni de repos. Les enjeux sont trop énormes, d'abord pour les générations à venir, mais aussi pour notre économie. Les deux d'ailleurs vont de pair.

Rendre à César...

Je n'ai pas tardé à comprendre pourquoi nous avions tant de difficultés, dans le gouvernement, à faire passer notre message concernant le Plan vert. Dès mon arrivée au ministère, au printemps 1991, j'ai eu à annoncer une stratégie environnementale pour l'Arctique, en collaboration avec le ministère des Affaires indiennes et du Nord. Pour des raisons purement pratiques, il fallait en faire l'annonce dans les plus brefs délais. En effet, dans le Grand Nord canadien, la période durant laquelle on pouvait mettre en œuvre un tel programme était tellement courte que, si on ne le lançait pas presque sur-le-champ, on allait perdre une année complète. J'ai donc obtenu très rapidement l'approbation de mes collègues pour ce projet.

Dans les jours qui ont suivi, nous nous sommes rendus à Iqaluit pour faire l'annonce du programme avec le gouvernement des Territoires, qui avait très bien accueilli cette initiative du gouvernement fédéral. Une partie importante des fonds prévus était réservée à la recherche. En effet, nous n'avions pas, à l'époque, de données de base nous permettant de mesurer l'évolution de l'environnement arctique, un environnement qu'on soupçonnait d'être contaminé par des déversements de produits toxiques qui transitaient dans l'atmosphère en provenance de l'ancienne

Europe de l'Est. Nous avions en outre de très bonnes raisons de soupçonner la présence de ces polluants dans la chaîne alimentaire de l'Arctique, la région du globe qu'on croirait à première vue la plus propre, la plus pure du monde. À cette époque également, l'écosystème extrêmement fragile des régions arctiques était déjà très affecté par le phéno-mène de réchauffement, un phénomène nouveau, qu'on avait intérêt à mieux comprendre et qui rendait urgent le besoin de se donner une base de données.

Bref, nous faisons un voyage éclair à Iqaluit. Le soir, de retour à Ottawa, j'allume le téléviseur pour regarder le bulletin de nouvelles. Quelle n'est pas alors ma surprise d'apprendre que le principal groupe environnemental qui s'intéresse au Grand Nord dénonce carrément la stratégie environnementale que nous venons de rendre publique. Je n'en reviens pas. Le lendemain, au conseil des ministres, le moins qu'on puisse dire, c'est que l'accueil n'est pas enthousiaste. Un de mes collègues ne tarde pas à me lancer : « Ç'a été bon, ton annonce, hein ? Tout ça juste pour se faire critiquer. »

En rentrant au ministère, j'ai demandé qu'on fasse une analyse. Je ne comprenais pas ce qui s'était passé. Finale-ment, j'ai découvert que le gouvernement avait une façon d'annoncer ses initiatives qui nous mettait tout le monde à dos. On le faisait sans consulter ni mettre dans le coup les groupes environnementaux qui souvent travaillaient sur ces projets-là depuis des années. J'en ai conclu que ce qu'il fal-lait faire, c'était d'abord se mettre à leur place. Il y avait ainsi des groupes sur la scène locale à qui revenait le mérite d'avoir sensibilisé le public canadien et son gouvernement à un problème environnemental qu'eux-mêmes vivaient. Or, quand ces gens voyaient arriver le jour où enfin le gouver-nement bougeait, on ne se donnait même pas la peine de reconnaître leurs efforts, ni la part de mérite qui leur revenait.

Lorsque j'ai compris cela, j'ai fait changer complète-ment la façon de faire du ministère. Dans toutes les annonces

qui ont suivi, nous avons pris soin de reconnaître et de souligner clairement le travail fait par les citoyens ou les groupes
environnementaux concernés. C'était le moins qu'on
puisse faire. Je dirais même que c'était le minimum décent.
Quelque temps plus tard, quand nous avons lancé un autre
programme de 100 millions de dollars pour la rivière Fraser,
en Colombie-Britannique, l'annonce a été mieux accueillie.
Cette initiative a été suivie en rafales par des dizaines
d'autres, et la réaction, tout autour de nous, s'est mise à
changer.

Le Sommet de la Terre

Au ministère de l'Environnement, j'œuvrais donc à faire grandir le Plan vert. La naissance, on l'a vu, avait été difficile. L'enfant avait presque été rejeté par le gouvernement, sauf qu'il avait un puissant parrain en la personne du premier ministre Mulroney. Ce dernier était pour moi un allié très important, car il était le leader des pays industrialisés qui s'intéressait le plus aux questions de l'environnement. On oublie aujourd'hui qu'il avait entrepris le gouvernement américain sur la question des pluies acides. Ce n'était pas chose facile, car le gouvernement Reagan, sur le plan idéologique, ne se préoccupait pas trop des problèmes environnementaux. C'est grâce à la persévérance de Mulroney qu'une entente avec les Américains sur la réduction des pluies acides a pu être conclue. Il avait d'ailleurs abordé la question dès sa première rencontre officielle avec le président Reagan à Washington, avant même les élections de 1984, alors qu'il était encore chef de l'opposition officielle. Au « sommet irlandais », à Québec en 1985, il en avait fait sa priorité. C'était un des grands succès de la carrière politique de Mulroney. L'accord sur la qualité de l'air avait finalement été voté par le Congrès américain en 1990, après une autre bataille de longue haleine, qui avait duré six ans, à travers deux administrations américaines, avant de se solder de façon satisfaisante pour le Canada. Cet accord avait lui-même été précédé par une initiative fort importante visant à réduire les émissions de sulfure de dioxide au Canada. Je faisais donc partie d'un gouvernement dont le premier ministre était favorable à la cause que je défendais, mais qui devait aussi faire face à plusieurs autres priorités.

Dès mon arrivée au ministère, nous avons commencé à préparer la délégation canadienne qui participerait au Sommet de la Terre, lequel allait avoir lieu à Rio de Janeiro, vingt ans après le premier sommet du genre, à Nairobi, au Kenya, en 1972. Le Sommet devait être présidé par le Canadien Maurice Strong, qui avait aussi présidé celui de Nairobi. C'était, il convient de le rappeler, une conférence internationale sur l'économie et l'environnement, donc un événement international majeur auquel devaient assister les chefs de gouvernement de la plupart des pays de la planète, et dont les enjeux pour le Canada, pour les raisons évoquées plus haut, étaient considérables.

Avant que je n'arrive au ministère de l'Environnement, un haut fonctionnaire du nom de John Bell, qui était responsable de la délégation canadienne au Sommet de Rio, avait eu la grande sagesse d'inclure dans celle-ci des représentants de tous les milieux. Nous étions d'ailleurs le seul pays à le faire. Ainsi, à chacune de nos réunions préparatoires assistaient des représentants des groupes environnementaux, des milieux d'affaires, des gouvernements provinciaux et municipaux, des associations à but non lucratif, des étudiants, des jeunes. Comprenant que nous avions l'occasion de réunir une délégation unique en son genre, j'ai recruté Robert Dubé, qui était directeur de la Fondation québécoise en environnement. Robert était un ami d'enfance qui, alors qu'il s'occupait d'un groupe environnemental à Sherbrooke, m'avait aidé à élaborer le volet environnemental de mon programme électoral en 1984. Je lui ai demandé de venir au ministère et de s'occuper de nos relations avec les intervenants de l'extérieur du ministère.

Ç'a été une décision salutaire. Robert s'est attelé à la tâche de créer des liens et de gérer nos relations tant avec les groupes environnementaux qu'avec l'Association des manufacturiers ou l'Association des producteurs de charbon. Il s'agissait en effet d'orchestrer et de coordonner tous les intérêts qui allaient être représentés au sein de notre délégation et qui étaient, c'est le moins qu'on puisse dire, assez divergents.

Dès le départ, nous avons apporté quelque chose de différent dans la préparation de la délégation canadienne : tout était ouvert. À Rio, les négociations allaient porter sur deux traités à conclure, l'un sur les changements climatiques et l'autre sur la biodiversité. Une troisième série de discussions devait avoir lieu en vue de signer une entente internationale sur les forêts (le Canada aurait préféré un traité, mais les pays en voie de développement n'en voulaient pas). Par ailleurs, l'essentiel des engagements visés était présenté dans un document intitulé « Agenda 21 ».

Pendant ces préparatifs, nous avons consacré beaucoup d'énergie à inclure les gouvernements provinciaux dans nos discussions. Ce qu'il y avait de différent dans notre approche et qui a fonctionné à merveille, c'est que nous avions décidé, dès le départ, de faire participer les gouvernements provinciaux à nos travaux. Leurs représentants avaient la possibilité de rencontrer les fonctionnaires fédéraux. Les groupes environnementaux et tous les autres groupes concernés pouvaient le faire également. Nous avons ainsi formé une équipe d'une transparence à peu près parfaite. Si, par exemple, un groupe qui s'intéressait au domaine de l'énergie souhaitait proposer un changement à la position canadienne, il pouvait la soumettre directement au fonctionnaire qui avait le mandat de modifier, au gré des mandats reçus par le gouvernement, les positions du Canada. Pour beaucoup de gens, c'était nouveau, ça ne s'était jamais fait et ça nous a permis de vivre une expérience unique.

À Rio, la délégation canadienne se réunissait tous les matins. Parfois, nous étions cent cinquante personnes dans la salle. Nos discussions avaient lieu autour d'une grande table. À titre de chef de la délégation, je présidais les réunions. Il était important à mes yeux que les gens sachent que ce qu'ils avaient à dire était entendu, sans d'abord devoir passer par vingt canaux différents, sans que leurs interventions soient filtrées ou modifiées avant de parvenir aux oreilles de l'ultime responsable. Tous les matins, donc, les différents fonctionnaires nous disaient où en étaient les négociations. C'étaient d'abord les gens assis autour de la table qui réagissaient à ce compte rendu et qui formulaient des recommandations, mais les gens qui étaient dans la salle étaient aussi invités à participer. Si, par exemple, un membre d'un groupe environnemental souhaitait suggérer que le Canada devrait insister sur telle ou telle chose, il pouvait lever la main et défendre son argument sur-le-champ. On se concertait pour parvenir à un consensus qu'on allait ensuite défendre. Ç'a été, pendant deux semaines, une expérience inoubliable, et tellement réussie que, par la suite, les gouvernements provinciaux, dans tout le Canada, ont adopté sans réchigner les dispositions du traité sur les changements climatiques et de celui sur la biodiversité, qui touchait directement à des domaines de compétence provinciale. Cette harmonisation s'est faite sans aucune espèce de protestation parce que les gouvernements provinciaux avaient participé au processus depuis le début. Le gouvernement canadien ne se conduisait pas de façon paternaliste en disant : « Voilà, j'ai signé une entente parce que c'est moi qui suis responsable de la signature des ententes internationales, et voilà ce qu'on a décidé. » L'entente signée reflétait véritablement un consensus auquel les provinces avaient directement contribué. Je retiens cette expérience parce qu'elle est significative pour l'avenir du fédéralisme.

Y a-t-il un traducteur dans la salle?

Le moment le plus fort du Sommet de Rio s'est produit tout au début, quand les pays du G7 se sont réunis. Au même moment, les pays du G77, avec à leur tête la Malaisie et l'Inde, se rencontraient de leur côté. Quelque temps auparavant, les ministres de l'Environnement du G7 avaient eu une première réunion préparatoire, à Bonn, qui avait failli avorter parce que chacun de nos ministères des Affaires extérieures s'opposait à ce que les ministres de l'Environnement se réunissent entre eux. Cette expérience m'avait d'ailleurs permis d'apprendre un tas de choses concernant le fonctionnement des instances internationales. Ainsi, une des forces du G7, c'est qu'il n'y a pas de bureaucratie. Dès sa formation, il a été décidé que ce serait une réunion des chefs de gouvernement, sans leurs fonctionnaires, afin d'éviter le piège de l'expérience onusienne, où il y a beaucoup de bureaucratie et par conséquent de lenteur. Une des conséquences de cette décision était que les gouvernements s'étaient entendus pour ne pas créer toutes sortes de forums parallèles. Il n'y avait que les ministres des Finances du G7 qui se réunissaient régulièrement. Ce qui fait que lorsque les ministres de l'Environnement du G7 avaient voulu se rencontrer pour discuter des positions à adopter au Sommet de la Terre, tous nos ministères des Affaires étrangères respectifs s'y étaient objectés. Cela dit, la réunion préparatoire avait quand même eu lieu.

Dès notre arrivée à Rio, nous nous sommes réunis de nouveau. Il est ressorti de cette rencontre que le gouvernement Bush, qui était alors en pleine campagne électorale, s'opposait pour des raisons idéologiques à la convention sur les changements climatiques et à celle sur la biodiversité, et qu'il allait par conséquent refuser de les signer. Avec Arthur Campeau, qui était l'ambassadeur du Canada au Sommet de Rio, j'ai téléphoné au premier ministre Mulroney, au Canada, pour lui dire que si on voulait briser l'embâcle, il fallait qu'un pays du G7 annonce d'ores et déjà son intention de signer les deux traités, que nous étions le seul pays qui semblait être enclin à faire le premier pas et que, si on ne le faisait pas, il était probable que tout allait échouer parce que les autres pays allaient se réfugier derrière le refus des Américains pour ne pas avoir à signer le traité. Pour Mulroney, ce n'était pas une décision facile. Le président Bush tentait de se faire réélire. Pareille prise de position de la part du Canada risquait d'embarrasser un allié. Mulroney ne voulait pas intervenir dans les affaires internes des États-Unis, mais, en même temps, et c'était là qu'on sentait son caractère irlandais, il voulait prendre la bonne décision pour le Canada. Sur notre recommandation, il nous a donc autorisés à annoncer que le Canada allait signer les deux traités. Comme prévu, les autres pays du G7 ont suivi, sauf les Américains qui ont résisté jusqu'à la fin. C'est d'ailleurs là que j'ai croisé pour la première fois Al Gore, qui à l'époque était sénateur et s'intéressait de près aux questions environnementales. Pierre-Marc Johnson était lui aussi présent à la conférence. Son expertise en matière d'environnement était déjà reconnue sur la scène internationale à ce moment-là, et il nous a donné de précieux conseils. Tout cela a permis au Canada de laisser sa marque à la conférence, et le mérite en revient en particulier à Brian Mulroney qui, soit dit en passant, une fois arrivé à Rio, est venu deux matins de suite présider la réunion de la délégation canadienne.

Si je me levais de bonne heure, je me couchais aussi très tard, car, dès que je rentrais à l'hôtel à la fin de la journée de négociations, nous avions une série de réunions, avec les fonctionnaires et avec des gens de l'ACDI qui nous accompagnaient, pour préparer nos positions du lendemain. Parmi les dossiers importants (et controversés) pour le Canada, il y avait notre engagement à consacrer 0,7 % du PIB canadien à l'aide étrangère. Comme nous étions en période de restriction budgétaire, j'avais eu toutes les peines du monde à obtenir un consensus là-dessus à l'intérieur du gouvernement. L'autre dossier controversé était celui de la forêt, et là on constatait un phénomène très intéressant qui illustre bien la dimension économique dont je parlais plus tôt. En effet, les associations de producteurs forestiers, par exemple les fabricants de bois d'œuvre ou de pâtes et papiers, souhaitaient un traité sur la forêt parce que, entre autres, étant donné qu'il n'y avait pas de normes internationales reconnues, n'importe qui pouvait les accuser de ne pas respecter l'environnement, sans qu'ils puissent se défendre. Les producteurs forestiers nous disaient : « Il vaut mieux un traité, avec des règles que nous connaissons et que nous sommes en mesure de surpasser, pour éviter la démagogie que nous vivons en ce moment. » Cela dit, les pays en voie de développement, la Malaisie et l'Inde en tête, s'opposaient avec véhémence à toute espèce de réglementation internationale dans le domaine forestier. Ils ne voyaient pas du tout les choses de la même façon, accusant les pays développés de vouloir pratiquer une certaine forme de colonialisme économique.

Durant une séance de négociations sur la forêt, les pourparlers du Groupe Contact[4] ayant atteint une impasse, il a été décidé d'élargir la discussion pour inclure un certain

---

[4] Groupe restreint de négociateurs représentant les pays du G7 et du G77.

nombre de pays en voie de développement ainsi que de pays développés, dont le Canada. Je me présente donc vers dix heures du soir à la réunion, avec mon négociateur qui s'occupe du dossier des forêts. Tout le monde s'asseoit autour de la table. La réunion, à laquelle participent plusieurs ministres de l'Environnement de pays africains francophones, est présidée par le doyen des ministres de l'Environnement, l'Allemand Klaus Topfer qui, dans son anglais un peu pénible, commence à expliquer les principaux différends à résoudre en vue de sortir de l'impasse. Tout d'un coup, le ministre de l'Environnement d'un pays africain, dont je tairai le nom, se lève et exige la traduction simultanée en français. Longs regards autour de la table où ont pris place une trentaine de personnes. Il n'y a pas d'interprète dans la salle et nous savons que nous allons devoir négocier pendant une bonne partie de la nuit. Topfer, embêté, ne pouvant pas forcer l'autre à participer, sait qu'il est coincé. À pareille heure, il est tout simplement impossible de trouver un interprète. Bref, c'est toute la réunion qui vient de dérailler. En désespoir de cause, je finis par lever la main et je dis à Topfer : «Vous savez, je peux toujours traduire, si vous voulez.» Topfer saute sur l'occasion. Je change de place et vais m'asseoir à côté du ministre africain qui n'est pas content du tout de l'offre qu'on vient de lui faire, mais qui ne peut la refuser. Je sens bien que son intervention n'avait pas tant pour but d'obtenir un interprète que de faire dérailler les négociations. Là, c'est sa stratégie à lui qui vient de dérailler. Donc, je prends place à côté de lui et, au fur et à mesure que Topfer parle, je traduis. Jusqu'à ce que, au bout d'une vingtaine de minutes, le ministre africain se tourne vers moi et, d'un air excédé, me dise à voix basse : «ASSEZ! ASSEZ!»

Les négociations, cette nuit-là, se sont poursuivies jusqu'à trois heures du matin…

Olivia !

Nous travaillions littéralement jour et nuit, de six heures du matin aux petites heures de la nuit. Sur les deux semaines qu'a duré la conférence, on n'avait prévu qu'une seule journée de congé, qui tombait un dimanche. Comme la ville de Rio, en temps normal, a la réputation d'être dangereuse, l'armée brésilienne avait pratiquement vidé la ville de ses jeunes, de ses sans-abri, de tous ceux qui, aux yeux du gouvernement brésilien, risquaient de nuire au bon déroulement du Sommet, lequel avait lieu dans un centre de conférences situé juste à l'extérieur de la ville. Le dimanche donc, notre seul jour de congé, le gouvernement brésilien avait organisé une conférence de presse pour souligner le lien entre l'environnement et le sport, une opération de promotion qui comprenait la remise d'une médaille avec mention honorable au gouvernement canadien. Cet événement médiatique était présidé par les artistes Olivia Newton-John et John Denver, tous deux ambassadeurs à la conférence de Rio, en présence du président de cette dernière, le Canadien Maurice Strong. Pour ma part, je ne voulais pas assister à cette conférence de presse, que je considérais comme une simple « photo-op » qui allait me priver de ma journée de congé avec Michou. « Envoyez quelqu'un d'autre, ai-je dit à mon personnel. Je n'ai pas du tout envie de faire un événement de presse aujourd'hui. » Mais c'est alors qu'on m'a appris que Pelé, le célèbre joueur de soccer brésilien, était attendu à l'événement. Le lecteur aura peut-être oublié ma passion pour ce sport. Mes sous-ministres, en tout cas, se sont rappelés que j'avais joué au soccer étant jeune, et ils se sont empressés de m'informer de la présence de Pelé à la conférence de presse. J'ai cédé.

Dans l'après-midi, je me rends donc, avec Michou, à la fameuse conférence de presse. Il faut savoir que des milliers de journalistes de tous les pays couvrent le Sommet de Rio. La salle est par conséquent bondée. Nous nous frayons un chemin, Michou et moi, dans la foule compacte, hérissée de micros et de caméras de télévision. La conférence de presse commence. Soudain, qui fait son entrée dans la salle? Bianca Jagger. Toutes les caméras pivotent dans sa direction, tandis qu'à l'avant la conférence de presse se poursuit tant bien que mal, dans un brouhaha indescriptible. Au bout d'un moment, les caméras se braquent de nouveau sur les gens qui font la conférence de presse et, tout à coup, qui voit-on entrer dans la salle? Shirley Maclaine. À ce moment-là, le ministre de l'Environnement brésilien vient de prendre la parole. Constatant que toutes les caméras se sont tournées vers Shirley Maclaine et sachant que, s'il tente de lui faire concurrence pour attirer l'attention des médias, il n'a aucune chance de gagner, il invite la star à venir le rejoindre à l'avant, et celle-ci vient s'asseoir à côté de lui. Toutes les caméras se retournent vers lui. Il donne alors la parole à Shirley Maclaine qui se livre à une dénonciation en règle du gouvernement Bush. Tout le monde l'écoute, un peu mal à l'aise, quand soudain les Beach Boys se pointent à la porte de la salle! La conférence de presse se transforme en véritable happening. Michou et moi, nous nous regardons et nous nous disons: «Ça se peut pas!» Arrive sur ces entrefaites Jerry Brown, ex-gouverneur de la Californie, un politicien pour le moins excentrique, alors candidat à la présidence des États-Unis. À ma grande déception, le seul qui ne se présente pas, c'est Pelé!

À l'issue de la conférence de presse, tout le monde doit descendre défiler sur la plage de Rio, où des membres de la délégation canadienne nous attendent avec un immense drapeau canadien, portant une multitude de signatures de citoyens canadiens recueillies avant notre départ du Canada par l'entremise des magasins Canadian Tire. Je dois monter sur un podium pour dire quelques mots au nom du Canada. Autour de nous, c'est la cohue et la confusion la plus totale. Quand je monte sur la scène, il y a déjà tellement de monde que je sens les planches ployer sous moi. J'entends des gens dans la foule qui me crient : « Shirley Maclaine ! Shirley Maclaine ! », et je leur réponds : « Je ne suis pas Shirley Maclaine ! » Le microphone ne fonctionne pas. Finalement, je redescends du podium et nous commençons notre marche sur la plage de Rio, Michou et moi, ainsi que les Canadiens qui nous entourent, avec le grand drapeau canadien en avant. Tout d'un coup, on voit passer à côté de nous Jacques Cousteau, que deux ou trois personnes portent sur leurs épaules. Entre-temps, un journaliste de Radio-Canada et son cameraman m'arrêtent pour me demander une courte entrevue. Je dis quelques mots, tandis que la foule se masse peu à peu autour de nous. Nous nous remettons en marche et, là, quelqu'un s'approche de Michou, dont les longs cheveux blonds, à cette époque, lui tombent sur les épaules, et lui demande un autographe. Une autre personne bientôt fait de même. Du coup, plusieurs caméras des télés brésilienne, espagnole, argentine, nous arrêtent de nouveau. Quelqu'un se met à crier : « Olivia ! Olivia ! », prenant manifestement Michou pour Olivia Newton-John. On se bouscule autour de nous. Michou et moi sommes séparés. Finalement, les agents de la GRC qui nous accompagnent parviennent à nous entraîner et, en indiquant un hôtel situé de l'autre côté de la rue, en face de nous, ils nous lancent : « On va compter jusqu'à trois et on va se mettre à courir ! » Nous détalons à toutes jambes avec la foule à nos trousses, traversons la rue et nous engouffrons dans l'hôtel… Bref, une aventure loufoque que ni Michou ni moi ne sommes près d'oublier.

Grande-Baleine

Le projet hydroélectrique de la rivière Grande-Baleine, dans le nord du Québec, était un projet cher, comme chacun sait, au premier ministre Robert Bourassa. L'évaluation environnementale du projet Grande-Baleine était un dossier d'une extrême complexité, parce qu'il concernait le territoire sur lequel s'appliquait la Convention de la baie James et du Nord québécois, un accord entre les Cris, les Inuits, les gouvernements du Québec et du Canada, Hydro-Québec, la Société de développement de la baie James et la Société d'énergie de la baie James. Cet accord, le premier du genre au Canada, a valeur de traité et est reconnu comme tel dans la Constitution canadienne. Or, très peu de personnes avaient une compréhension suffisante de la Convention de la baie James pour bien en saisir toutes les implications. Pour un projet de l'envergure de celui de Grande-Baleine, celle-ci prévoyait quatre évaluations environnementales distinctes. Le gouvernement Bourassa avait fait preuve d'un grand entêtement, refusant tout compromis avec les opposants au projet, c'est-à-dire les groupes environnementaux et les peuples autochtones, Cris et Inuits, qui vivaient sur le territoire concerné. Pour ma part, sur le plan juridique, en tant que ministre de l'Environnement du gouvernement canadien, je n'avais pas le choix : la Cour suprême ayant récemment enjoint ce dernier de respecter ses obligations en matière d'évaluation environnementale, j'étais tenu de procéder à une telle évaluation du projet Grande-Baleine, dont une partie concernait des domaines de compétence fédérale.

Après la réunion du conseil des ministres où la décision de procéder à l'évaluation environnementale de Grande-Baleine avait été prise, Mulroney m'avait demandé d'aller à Québec pour expliquer notre position au premier ministre de la province, Robert Bourassa. Comme par hasard, ce jour-là, la grande revue américaine *Time Magazine* publiait un article sur Grande-Baleine. En me rendant à Québec, je voulais, entre autres, vérifier si le gouvernement Bourassa était bien au fait de ce qui se disait aux États-Unis, et qui nous revenait régulièrement par voie diplomatique, au sujet du Québec en matière d'environnement. Ma rencontre avec le premier ministre Bourassa a été très cordiale. Cependant, à l'issue de ma conversation avec lui, je n'étais pas rassuré. Il ne m'avait pas du tout donné l'impression que le gouvernement du Québec était conscient de l'impact négatif que le projet Grande-Baleine avait sur la réputation de son gouvernement et sur celle du Québec en général. Les Cris du nord du Québec menaient à cette époque une campagne extrêmement efficace aux États-Unis, ce qui nous ramène encore une fois à l'importance de la dimension économique des questions environnementales pour l'avenir du Québec. En effet, une partie de la campagne des Cris consistait à demander aux institutions publiques américaines de ne pas acheter les obligations d'Hydro-Québec. Il ne faut surtout pas sous-estimer les conséquences économiques de telles décisions de la part de nos voisins. Elles peuvent être très lourdes.

Le problème qu'on avait, c'était que, chez nous au Québec, les politiciens, les éditorialistes, les gens d'affaires, les leaders syndicaux avaient le réflexe de se rebiffer. Les gens s'indignaient de la campagne des Cris, en disant : « On a raison, ils ont tort et ils n'ont pas d'affaire à aller laver notre linge sale chez le voisin, à aller ternir la réputation du Québec à l'étranger. » C'était une réaction humaine tout à fait compréhensible. Soit. Encore fallait-il reconnaître nos propres intérêts à plus long terme. Notre intérêt n'était pas, justement, de faire abstraction de ces objections-là, mais d'y répondre. Le pire réflexe, c'est celui qui consiste à se replier sur soi-même. À mes yeux, donc, le meilleur service qu'on pouvait se rendre, c'était de faire une évaluation environne-mentale transparente et crédible du projet Grande-Baleine. Malheureusement, du côté du gouvernement du Québec, on percevait notre position comme une ingérence du gou-vernement fédéral dans les affaires internes de la province. Or, les jugements récents de la Cour suprême nous avaient clairement dit que notre propre réglementation nous obli-geait à faire cette évaluation. D'autre part, à ce moment-là, un projet de loi fédérale sur l'évaluation environnementale était en gestation, mais n'était pas encore prêt à être déposé. Ajoutez à tout cela que, parmi les journalistes québécois qui couvraient les questions environnementales, il n'y en avait qu'un (Louis-Gilles Francœur du journal *Le Devoir*) qui réussissait à écrire des papiers expliquant correctement la réalité du processus.

J'ai donc annoncé, à Montréal, en compagnie de Michel Dorais, le haut fonctionnaire responsable du Bureau fédéral d'étude et d'évaluation environnementale (BFÉÉE), la décision du gouvernement fédéral de procéder à une éva-luation environnementale du projet Grande-Baleine. C'était après Meech, après Oka, après le grand défoulement de la commission Bélanger-Campeau. Dans cette atmos-phère, l'annonce a immédiatement soulevé un tollé de protestations au Québec. La réaction du milieu des affaires en particulier a été très négative.

A débuté alors une longue période de négociations pour tenter d'en venir à une entente. Autour de la table, il y avait les Cris, les Inuits, le gouvernement du Québec, celui du Canada et, en périphérie de tout cela, les groupes environnementaux, les représentants du milieu des affaires qui, dans la foulée de la récession, réclamait une activité économique, un projet, quelque chose qui pourrait faire redémarrer l'économie du Québec. La suite des événements m'a permis de tirer un certain nombre de conclusions. La principale est que même des problèmes qui, à première vue, paraissent insolubles peuvent être résolus à la condition de trouver les bonnes personnes, de beaucoup écouter, d'être patient et de faire preuve de transparence. Il y a moyen d'arriver à des solutions, y compris avec les peuples autochtones, même avec ceux qui nous paraissent de prime abord les plus radicaux. Par chance, quelqu'un a eu la bonne idée de faire appel à Armand Couture, qui, à ce moment-là, travaillait à Hydro-Québec, pour négocier une entente. Il faut savoir qu'Armand Couture, qui n'est pas un personnage très connu au Québec, avait négocié la Convention de la baie James pour la Société d'énergie de la baie James et qu'il connaissait très bien les acteurs en présence, les structures, les rouages créés par cet accord, les enjeux aussi. C'est en particulier grâce à lui qu'une entente a pu être conclue entre les parties, pour fondre les quatre processus d'évaluation environnementale prévus par la Convention de la baie James en un seul, qui réussissait à satisfaire les critères et les exigences de tout le monde.

Je me rappelle avoir signé cette entente à deux heures du matin, dans un bureau d'Hydro-Québec à Montréal. Tout le monde s'est finalement donné la main, le problème était réglé. Quel soulagement! Sur le plan personnel, cela n'avait certes pas été agréable de se faire mettre au pilori tous les jours. Cependant, ce qui m'avait le plus frappé, c'était à quel point le gouvernement du Québec semblait procéder en faisant fi de ses propres intérêts. À long terme, ce n'était pas dans l'intérêt du gouvernement du Québec, ni des Québécois, d'agir de la sorte, de faire la sourde oreille aux objections, aux inquiétudes formulées, qui en plus se répercutaient chez nos voisins américains. Cela ne servait pas du tout nos intérêts, comme Québécois ni comme Canadiens, que de se transformer en rouleau compresseur et de passer par-dessus ces gens-là. C'était une grave erreur. Je dis souvent qu'il ne faut jamais sous-estimer la capacité des gouvernements de se tromper. Plus ils sont gros, d'ailleurs, et plus l'erreur risque d'être grosse. S'il y a une chose qui me fait frémir, c'est quand j'entends des gens dire : « Après tout, c'est le gouvernement, ils doivent savoir ce qu'ils font. » Il ne faut jamais présumer qu'ils savent ce qu'ils font.

Lucien se cachait

En tant que ministre de l'Environnement, je devais soumettre un projet de loi sur l'évaluation environnementale, qui s'est avéré être un dossier encore plus difficile. Le Canada avait à cette époque une réglementation environnementale qui avait été interprétée par la Cour suprême d'une manière rigoureuse. Nous étions, comme on vient de le voir, tenus de l'appliquer dès qu'un projet touchait à un domaine de compétence fédérale. Or, la compétence fédérale en matière d'environnement, c'est un domaine très large qui comprend, entre autres, la protection des mers et de la région arctique, celle de la pêche, des mammifères marins, des oiseaux migrateurs, etc., sans oublier nos relations internationales en matière d'environnement. Pour gérer tout cela, le Canada ne s'était pas encore donné de mécanisme cohérent, et on avait tout intérêt à en avoir un pour les raisons que j'ai déjà exposées, à défaut de quoi on risquait constamment que n'importe quel projet d'envergure soit contesté.

Nous nous sommes donc mis au travail, avec les gouvernements qui forment le Conseil canadien des ministres de l'Environnement, à l'exception de celui du Québec qui, dans la foulée de l'échec de Meech, boycottait les réunions.

Pierre Paradis était alors ministre de l'Environnement à Québec. Pierre était très respecté par ses collègues, mais il n'était pas présent aux discussions. Les malentendus sont fréquents dans ce genre de situation, ce qui fait que Pierre avait l'impression que nous préparions un projet de loi qui était différent de celui qui lui était présenté. Avec les autres ministres de l'Environnement, ailleurs au Canada, nous nous sommes assez bien entendus. Le projet de loi ne faisait pas leur affaire sur tous les plans, mais ils ont accepté de faire des compromis. Le gouvernement dont la position se rapprochait le plus de celle du gouvernement du Québec était celui de l'Alberta, dont le ministre de l'Environnement s'appelait Ralph Klein. C'est au cours de ces réunions que nous avons appris à bien nous connaître, Ralph et moi.

Est enfin arrivé le moment de présenter le projet de loi, qui, ironiquement, avait été lancé par Lucien Bouchard du temps où il était ministre fédéral de l'Environnement. Il faut savoir que Lucien s'était alors montré très dur à l'endroit du gouvernement du Québec. À vrai dire, tous les acteurs de l'époque s'accordent pour dire qu'il n'y a pas eu de ministre fédéral de l'Environnement plus centralisateur que Lucien Bouchard. Pour s'en convaincre, il suffit de relire certaines des déclarations qu'il a faites en ce temps-là. Par exemple : « Mon ministère aura pour politique d'établir des normes nationales et de demander qu'on les respecte », déclarait-il le 26 juin 1989[5], soit moins d'un an avant sa démission en mai 1990. « Nous publierons nos propres normes nationales aux termes de la Loi canadienne sur la protection de l'environnement dans les secteurs qui relèvent de la compétence fédérale et nous permettrons ensuite aux provinces d'établir leurs propres règlements, mais ceux-ci devront se conformer aux normes nationales.

---

5   *Comités*, p. 13-12, 26 juin 1989.

Nous voulons l'uniformité dans tout le pays. » Avis aux intéressés[6]…

Pour préparer le projet de loi, nous avons procédé à des consultations. Nous tenions, une fois de plus, à faire participer non seulement les gouvernements provinciaux, mais aussi les milieux d'affaires, les groupes environnementaux et les autres groupes concernés, et c'est ce que nous avons fait. Ce n'était pas toujours facile parce que les intérêts représentés étaient assez divergents, mais nous sommes finalement parvenus à rédiger un projet de loi et à le faire approuver par le cabinet.

J'assistais à la conférence des ministres de l'Environnement, en Colombie-Britannique, quand soudainement des objections à notre projet de loi provenant de membres du caucus du Québec se sont fait entendre. J'ai dû revenir rapidement de Vancouver pour rencontrer le caucus, incluant les sénateurs, dont certains exprimaient des réticences. Ce que j'ai enfin réussi à faire comprendre, au cours de cette réunion, c'est que l'environnement n'est pas en soi un domaine de compétence. C'est une responsabilité accessoire, comme l'économie. Ce n'est pas vrai que le gouvernement canadien est seul responsable de l'économie, ou de l'emploi, pas plus que ne saurait l'être, à lui seul, le gouvernement d'une province. C'est plutôt un élément

---

[6] Voir également son discours du 3 novembre 1989, où il déclarait : « On voit mal comment une constitution fédérale pourrait conférer à l'un ou l'autre niveau de juridiction un champ qui, par définition, recoupe autant de domaines. […] Plus que dans d'autres domaines, la protection de l'environnement requiert une collaboration étroite et fructueuse entre le gouvernement du Canada et celui des provinces. […] La coopération s'impose dans tous les cas, de même que l'harmonisation des politiques, des lois et des règlements, appuyée, lorsque besoin est, sur une définition de normes nationales. […] Le fédéral continuera à se montrer vigilant en matière de relations internationales, de pêches, de droit criminel, de pollution interprovinciale, de navigation et de régions nordiques. Il assoira, au besoin, ses interventions sur la notion de la paix, de l'ordre et du bon gouvernement en invoquant l'intérêt national, comme la Cour suprême du Canada l'y a déjà autorisé dans certains cas. »

accessoire des responsabilités assumées en propre par chacun. Ainsi, il y a une dimension économique au domaine
des transports ou des communications. C'est encore plus
vrai quand on parle de l'environnement. Du point de vue
des intérêts du Québec, un des avantages du système
fédératif canadien, c'est justement que les responsabilités
en matière d'environnement sont partagées entre le gouvernement canadien et les gouvernements des provinces.
C'est ce qui nous donne voix au chapitre et nous permet
d'avoir une influence sur les décisions prises dans les provinces voisines, des décisions qui peuvent avoir des répercussions chez nous. C'est une influence que nous n'avons
pas quand nous avons des différends avec certains États
américains. Nous pouvons leur faire part de notre position,
mais nous n'avons aucune influence directe sur les décisions qu'ils prennent et qui nous touchent. Ce serait encore
plus vrai dans le cas d'un Québec souverain, qui aurait à
défendre seul ses intérêts contre le colosse américain. Aussi
incroyable que cela puisse paraître, il y avait des gens qui
prétendaient le contraire, et pas seulement dans le camp
souverainiste. Le rapport Allaire, par exemple, aurait voulu
faire de l'environnement une responsabilité provinciale
exclusive. Or, c'est une absurdité, qui ne peut s'expliquer
que par l'incroyable dérapage qu'avait connu le débat public
depuis Meech, au Québec comme dans le reste du Canada.

Finalement, j'ai déposé le projet de loi au Parlement.
Je suis allé témoigner devant un comité du Sénat. Il a fallu
que nous nous battions pour le faire adopter. En fin de
compte, nous y sommes arrivés, mais cela n'a pas été facile.
Au moment du vote à la Chambre des communes, le Bloc
québécois s'est prononcé contre. Ce jour-là, cependant, il y
avait un grand absent. Au moment où la Chambre votait la
Loi canadienne sur l'évaluation environnementale qu'il
avait lui-même lancée et à laquelle, semble-t-il, il croyait si
fort, Lucien, fidèle à lui-même, se cachait dans son bureau
du Parlement.

Un leader

Pour bien comprendre la suite des événements, il convient ici de faire un léger retour en arrière. Après Meech, pratiquement tout ce que nous avons fait en tant que gouvernement revenait à tenter de remettre le dentifrice dans le tube. L'ouragan était passé. Il y avait eu de gros dégâts que nous nous efforcions tant bien que mal, souvent gauchement, de réparer. Ce qui nous ramène à l'importance de comprendre la nature des changements qu'on propose quand il s'agit de modifications constitutionnelles. Ce sont les fondations mêmes du pays qui sont touchées. Comme dans une maison, on ne déplace pas les fondations sans planifier au préalable le mouvement. Dans le cas de Meech, le gouvernement n'avait pas de regrets. À l'époque, nous avions d'excellentes raisons de vouloir entreprendre Meech. Tous les signaux que nous recevions étaient positifs. Ce qui est arrivé par la suite était imprévisible.

Lors du remaniement ministériel de 1991, le premier ministre Mulroney a donné à Joe Clark le portefeuille des Affaires intergouvernementales. C'était de sa part un geste d'autant plus significatif qu'il confiait à son ancien rival, celui-là même qui avait jadis fait la promotion d'une vision du pays fondée sur la notion d'une «communauté de communautés», la responsabilité de trouver un moyen de ramener le gouvernement du Québec à la table de négociations

constitutionnelles. Ensuite, il a créé un comité du cabinet
sur l'unité canadienne, présidé par Joe Clark. À ce comité
du cabinet siégeaient des ministres d'un peu partout au
pays, dont les Québécois Marcel Masse, Benoît Bouchard,
Gilles Loiselle et moi-même, ainsi que Don Mazankowski,
Barbara MacDougall, Kim Campbell, Harvey Andre. C'était
donc un groupe de ministres séniors. Exceptionnellement,
le premier ministre participait directement aux travaux du
comité. En temps normal, il ne siégeait pas aux comités du
cabinet (sauf le plus important, celui des priorités). Un premier ministre en effet ne peut pas tout faire. Il est même
important qu'il évite de s'immiscer dans les travaux des
comités du cabinet. Il doit laisser ses ministres faire leur travail. Mais dans le cas de l'unité nationale, il s'agissait d'une
question tellement importante que le premier ministre a
décidé de présider lui-même les réunions chaque fois qu'il
le pouvait.

Le comité avait décidé de se déplacer dans tout le pays.
Évidemment, chacun de nos déplacements attirait beaucoup l'attention des journalistes, ce qui créait un contexte
assez difficile à gérer sur le plan médiatique. Les réunions
étaient de nature confidentielle et, pourtant, nous avions
une horde de journalistes sur nos talons partout où nous
allions. Au bout du compte, ces délibérations ont permis au
gouvernement de produire un document sur l'unité. Un
comité parlementaire, la commission Dobbie-Edwards, a
ensuite été créé pour prendre le ballon au vol. Sauf que, à
chaque étape, ça devenait plus lourd, plus difficile. On sentait qu'on n'était pas au début d'un nouveau projet, qu'on
était encore dans la foulée de notre échec. Tout se définissait
à partir de là, ce qui rendait le travail ardu. Plus on avançait
dans le temps, moins il semblait y avoir d'écoute et de flexibilité. Les gens étaient campés dans leurs positions sur
toutes sortes de sujets. Il devenait difficile de les faire bouger.

Pendant ce temps-là, au Québec, Robert Bourassa
tentait de gérer tant bien que mal une situation politique

extrêmement fragile. Les audiences de la commission Bélanger-Campeau occupaient tout le terrain médiatique. Les ténors souverainistes, exploitant à fond le sentiment de déception du public québécois, avaient la partie belle. Le discours de l'intransigeance, du « tout ou rien », avait dégénéré au point que le moindre soupçon d'ouverture ou de compromis de la part du gouvernement Bourassa était violemment dénoncé. Dans le reste du pays, le parti réformiste jouait le jeu du camp souverainiste. Tout cela a culminé avec le référendum de Charlottetown, un autre moment extrêmement pénible pour le gouvernement Mulroney, une autre victoire pour les forces qui cherchaient à polariser les Canadiens, à les dresser les uns contre les autres. Toute la période de Meech et de l'après-Meech a été l'une des plus difficiles de l'histoire récente du pays et devrait faire réfléchir ceux qui rêvent de négocier la sécession « dans le calme et la sérénité ». Pour le gouvernement canadien et le gouvernement du Québec, tous les autres dossiers étaient devenus secondaires. Nous étions plongés dans une crise, et une crise grave, qui éclipsait même les questions économiques les plus urgentes.

Dans un tel contexte, la question de l'avenir de Mulroney ne se posait pas. Il nous impressionnait par sa persévérance, d'autant plus que notre position dans les sondages était désastreuse. Or, on dit que tout en politique est affaire de *timing*. Ainsi, l'une des décisions que nous avions prise, et qui arrivait complètement à contretemps, était l'abolition de la taxe fédérale sur les produits manufacturés. Cette dernière avait été une taxe cachée, c'est-à-dire qu'elle n'apparaissait pas dans le prix que payait le consommateur. La nouvelle taxe par laquelle nous avions décidé de la remplacer, la taxe sur les produits et services, la fameuse TPS, allait être inscrite sur toutes les factures.

La décision d'introduire la TPS était courageuse et, pour moi, elle illustre bien le caractère de Mulroney. Il avait été extrêmement lucide dans sa façon de nous la présenter, disant à la fois à son cabinet et à son caucus que, sur le plan politique, elle allait nous coûter très cher, cette décision-là, que les gens allaient l'accepter très, très difficilement. Il nous avait fait cette mise en garde à plusieurs reprises. Chaque fois, il finissait en disant : « Nous le faisons parce que c'est la bonne décision pour le pays. Ne vous attendez pas à ce que les gens le reconnaissent. C'est un changement pénible mais nécessaire. » Je reconnaissais là son tempérament d'Irlandais, qui avait laissé mûrir cette décision dans sa tête et qui la portait maintenant dans son cœur, tout en en assumant aussi les conséquences. Mulroney savait persuader son caucus. Durant ces mois-là, sa performance a été phénoménale. Au caucus, chaque semaine, il faisait face à des élus qui subissaient le mécontentement de leurs électeurs, qui voulaient être réélus et à qui on disait et redisait, jour après jour, qu'ils allaient être battus. Malgré cela, il réussissait à les inspirer, à les faire travailler, à les amener à croire. Pour moi, c'est un exemple de ce qu'est le leadership. Un leader doit être capable, dans les pires moments, de voir plus loin que ceux et celles qui l'entourent. Le vrai test du leadership, c'est d'abord de croire, même quand ceux et celles qui nous entourent résistent ou refusent de croire. Le leadership, c'est d'être capable de vaincre ces réticences. Cela dit, on sentait, en même temps, que notre chef estimait avoir réalisé une bonne partie de ce qu'il voulait accomplir en politique. Il portait lourdement l'échec de Meech, mais il savait qu'il avait fait son possible, et il n'avait pas peur d'être jugé sur ce qu'il avait fait. Il nous le disait à mots couverts : « J'ai fait mon possible. Ça n'a pas marché, mais l'histoire jugera. »

La drôle de guerre

Dans les circonstances, j'ai commencé moi aussi à réfléchir à mon avenir, et j'en suis venu à la conclusion que si monsieur Mulroney devait partir, comme cela semblait de plus en plus probable, je serais candidat dans la course pour lui succéder, sans savoir d'avance qui seraient mes rivaux. À Noël 1992, j'ai donc commencé à passer quelques coups de téléphone à des collègues, pour savoir s'ils pensaient que ce serait une bonne idée que je me présente comme candidat dans l'hypothèse où le premier ministre Mulroney partirait. C'était une affaire très délicate parce qu'il n'était pas parti, et il n'allait rien dire tant que sa décision ne serait pas prise. Si je me suis permis d'en parler à des collègues, c'est que madame Campbell s'activait déjà. Nous recevions des échos d'événements de levée de fonds, d'initiatives de recrutement, et les gens autour de moi qui souhaitaient que je sois candidat à la direction du Parti conservateur me pressaient de commencer à sonder le terrain. Par respect pour monsieur Mulroney, je tenais à agir avec délicatesse, mais c'était quand même assez difficile.

Tout cela a rebondi assez rapidement. Au cours de notre première réunion du cabinet au mois de janvier, Mulroney, furieux, a sommé ceux et celles qui avaient la témérité de se poser la question d'arrêter de s'interroger et de s'occuper d'autre chose. Je me suis immédiatement senti visé et j'ai cessé toute activité. Madame Campbell, de son côté, n'en a rien fait. Nous le sentions et on nous le disait. C'est à ce moment-là que s'est posée toute la question de savoir si oui ou non Mulroney favorisait sa candidature. Personnellement, je pense que ce n'était pas le cas. Par contre, monsieur Mulroney souhaitait qu'il y ait toute une nouvelle génération de candidats et candidates. Ce n'était un secret pour personne. Il l'avait dit à plusieurs reprises. Quand la course a été déclenchée, il a répété que son souhait le plus ardent était que Bernard Valcourt, Jean Charest, Barbara MacDougall, Perrin Beatty se lancent dans la course. Il désirait une course au leadership vivement disputée, avec plusieurs candidats de bon calibre, et je ne l'en blâmais pas. En ce sens-là, il a encouragé tout le monde à se présenter.

Arrive le printemps de 1993. Nous sommes dans la cinquième année de notre mandat, qui se termine au mois de novembre. Le moment de vérité approche. Mulroney annonce qu'il part. Ce matin-là, les gens qui m'entourent se réunissent rapidement. Très vite, on apprend que les principaux bailleurs de fonds du Parti qui sont proches de Mulroney non seulement travaillent pour madame Campbell, mais ont commencé à solliciter avant même que le premier ministre n'annonce son départ au caucus. Tout cela a eu un effet immédiat sur la course au leadership. L'interprétation qu'en ont faite les militants, c'est que monsieur Mulroney appuyait la candidature de madame Campbell. Il faut savoir aussi que tout cela se faisait dans la foulée du remaniement ministériel de janvier, un remaniement assez limité, mais à l'occasion duquel il avait nommé madame Campbell au ministère de la Défense nationale, ce qui avait été interprété comme un geste d'appui à l'endroit de cette dernière.

Les événements de ce matin-là ont donc été déterminants. À partir de ce moment, il y a eu comme un signal à travers le Parti que madame Campbell était la candidate préférée du premier ministre sortant. Que ce soit vrai ou non n'est pas important. Ce qui l'était, c'était l'interprétation qu'on en faisait. C'est dans ce contexte que j'avais à décider si je me présentais. C'était pour moi une décision déchirante. D'abord, si je le faisais, ce ne serait pas pour la parade. Compte tenu de l'expérience que j'avais, je n'allais pas risquer ma réputation et mon avenir sur le plan matériel dans le seul but de me garantir un poste de ministre ou de me positionner pour la fois suivante. Cela n'en valait pas le coup. D'une part, je n'avais pas besoin de ça pour aspirer à un poste de ministre et, de l'autre, j'étais assez jeune pour pouvoir repartir à neuf dans un autre secteur d'activité. Pour revenir à la dimension personnelle, il y a très peu d'événements dans une vie politique qui nous mettent autant sous les feux de la rampe qu'une course au leadership. D'abord parce que, tout comme dans une course à l'investiture d'un parti dans un comté, on est laissé à soi-même. On n'est pas entouré par le parti, et tout ce que ça inclut, pour défendre nos positions. C'est nous, seul ou à peu près, qui avons à défendre les idées que nous avançons. En plus, on est sous la loupe des médias tous les jours. Ça dure trois mois. C'est très long. Tous les jours, vous avez un micro qui vous pend au bout du nez, et vous devez vous exprimer sur tous les problèmes du moment, au fil de l'actualité. En ce sens, c'est un véritable test, et c'est un bon test. Une course au leadership chaudement disputée, qui met à l'épreuve des candidats et des idées, est bonne pour un parti politique.

De mon côté, ma plus grande préoccupation était de savoir non seulement si j'allais être en mesure de gagner, mais aussi, sur le plan matériel, si j'allais pouvoir réunir les fonds nécessaires pour le faire. En effet, l'expérience des courses au leadership nous apprend que les perdants, peu importe qu'ils arrivent en deuxième, troisième ou quatrième place, sont toujours endettés. Même les gagnants s'endettent. C'est typique des courses au leadership. L'histoire des partis politiques est remplie d'histoires d'horreur, de gens qui ont participé à une course au leadership et qui plus tard traînent des dettes personnelles pendant des années. Or, j'avais trente-quatre ans, j'étais père de trois enfants, et je n'avais pas du tout envie de m'endetter pour le restant de mes jours. Là, j'ai été chanceux. C'est à mon frère Robert que j'ai confié la responsablité d'être le contrôleur des dépenses pendant la campagne. En effet, dans une campagne au leadership, le seul problème qui est plus important que de pouvoir ramasser des fonds, c'est de bien les gérer une fois qu'on les a parce que tout le monde, dans votre entourage, peut prétendre dépenser en votre nom.

Robert habitait la même rue que moi à Hull. On avait tous les deux acheté une maison dans un nouveau développement. On était voisins, à quelques centaines de pieds l'un de l'autre, et je me rappelle très bien ce que je lui ai dit: « C'est toi qui seras le contrôleur de ma campagne. Je veux à tout prix éviter de me retrouver avec des dettes. Je ne veux surtout pas être obligé de vendre ma maison. De toute façon, si je perds ma maison, je te préviens à l'avance, on déménage chez vous ! » Il avait donc un stimulant assez important pour bien faire son travail…

On a alors assisté à un scénario incroyable. Chaque jour se désistaient tous les candidats qui pouvaient aspirer à succéder à Brian Mulroney, des candidats de grande envergure, comme Barbara MacDougall, Perrin Beatty, Mike Wilson, Don Mazankowski, Benoît Bouchard, Bernard Valcourt. Les uns après les autres, ils refusaient de se lancer dans la course, sous prétexte que madame Campbell était déjà couronnée et qu'il était devenu impossible de la battre. Quant à moi, plus il y en avait qui se désistaient, et plus ça me motivait. Je me disais: « C'est pas vrai que ça va se passer comme ça. » J'avais observé suffisamment de courses au leadership pour savoir à quel point elles peuvent être imprévisibles, et à quel point elles sont vraiment un test. Finalement, par respect envers Mulroney, je suis allé le rencontrer. Certains ont conclu de cette rencontre que j'ai reçu des assurances de sa part, ou que c'est lui qui m'a persuadé de plonger. Il m'a, c'est vrai, fortement encouragé à me présenter, tout en répétant qu'il espérait que plusieurs personnes le feraient. En cela, il m'a dit la même chose en privé que celle qu'il a dite publiquement. Ma décision cependant n'était pas prise. Entre-temps, la situation évoluait de jour en jour. Plus le temps avançait, et plus l'organisation de madame Campbell avait l'air d'un rouleau compresseur. Il semblait de plus en plus inévitable qu'elle allait gagner, au point qu'il me paraissait presque futile de me lancer dans la course.

Le Rwanda rappelle

Les gens autour de moi étaient très, très partagés. C'est là qu'on est vraiment laissé à soi-même. J'avais des gens très proches de moi, des membres de ma famille immédiate, qui me conseillaient de ne pas me présenter, point. La majorité de mes amis étaient opposés à l'idée que je me lance dans la course. Après avoir analysé la situation, ils en étaient venus à la conclusion que ce serait peine perdue. J'avais donc à peser tous ces avis. Malgré cela, je refusais de fermer la porte, parce que j'avais le goût de foncer. Je m'étais fixé comme date limite le 16 mars, date du souper bénéfice annuel, prévu depuis longtemps dans mon comté de Sherbrooke. J'avais décidé que j'annoncerais ma décision, quelle qu'elle soit, lors de cet événement, qui du coup avait pris de l'ampleur. Environ quinze cent personnes avaient acheté des billets. Autour de moi, on continuait à attendre fébrilement ma décision. Jusqu'au jour finalement où j'ai dû me rendre à Sherbrooke pour mettre fin au suspense. Nous sommes partis de la maison en voiture, Michou et moi, pour reconduire Amélie, qui avait alors dix ans, à l'école. À la radio, on écoutait le bulletin de nouvelles de Radio-Canada, qui faisait état de la décision que je devais annoncer ce soir-là. Amélie, spontanément, s'est tournée vers moi et m'a demandé :

— Pis, est-ce que tu y vas ou tu y vas pas?

— Ben, je ne sais pas encore, lui ai-je dit, qu'est-ce que t'en penses?

— Est-ce que tu penses que tu ferais un bon premier ministre?

— Oui.

— Ben, vas-y!

J'étais surpris. Je me suis dit en riant: «Tiens, c'est simple, je sais pas pourquoi j'y ai pas pensé avant.» Nous avons déposé Amélie à l'école, puis nous nous sommes mis en route pour Sherbrooke et, là, la corrida a commencé. Mon téléphone sonnait sans arrêt. Comme on avait gardé un mauvais souvenir de l'épisode référendaire des conversations sur cellulaire enregistrées puis publiées dans les médias, je m'arrêtais pour rappeler les gens d'un téléphone public. Je me vois encore, entre deux cabines téléphoniques du McDonald's à la hauteur de Rigaud, un combiné dans chaque main. Une dame passe, me reconnaît, demande à me serrer la main, part chercher sa fille dans la voiture, revient avec son appareil photo. Pendant ce temps, je mène de front deux conversations, avec des gens que je tiens à consulter avant d'arriver à Sherbrooke.

Finalement, on arrive à destination. Je réunis mon état-major dans mon bureau de comté et, là, c'est le débat. Il est deux heures de l'après-midi. Le souper bénéfice est prévu pour six heures. J'ai un discours à donner à sept heures. Ma décision n'est toujours pas prise. Autour de moi, les gens sont nettement divisés: la majorité est contre, certains sont neutres et une minorité m'encourage à me lancer dans la course. Dans la pièce avec moi, il y a bien sûr Michou, Jean-Bernard Bélisle, Albert Painchaud, George Maclaren, mon frère Robert, Jodi White au téléphone depuis la Colombie-Britannique où elle est allée faire du ski avec ses enfants. C'est alors que je reçois un appel de Denis Beaudoin, celui-là même qui m'a recruté dans le Parti dix ans plus tôt, au moment de la course au leadership déclenchée par Joe

Clark, que Mulroney a gagnée, et qui m'a toujours donné de très bons conseils depuis ce temps-là. Denis appelle du Rwanda où il est en poste pour le ministère des Affaires étrangères. Au téléphone, il me fait un plaidoyer éloquent en faveur de mon entrée dans la course au leadership, me disant que c'est une occasion en or pour moi d'être libéré des contraintes de parti, que ça me permettra de parler des choses qui me tiennent à cœur, que je pourrai faire une campagne proche des gens, pour redonner espoir au pays que la récession a démoralisé. Il me rappelle qu'avec les réformes qu'on a imposées, on en a beaucoup demandé aux Canadiens, que les gens ont besoin d'espoir, qu'ils ont besoin d'un gouvernement et d'un premier ministre capables de fixer leurs regards sur le prochain siècle, sur tout ce qu'il est encore possible de bâtir ensemble, et que seul quelqu'un de plus jeune est vraiment capable de se faire le porteur de ces rêves-là.

Une fois que j'ai raccroché, Michou et moi restons seuls dans mon bureau. Je ne suis toujours pas convaincu. Au bout de quelques minutes, le téléphone sonne et on m'informe que c'est Denis Beaudoin qui rappelle. On se réunit de nouveau dans mon bureau et, là, mon Beaudoin nous fait encore un vibrant plaidoyer. Michou me regarde, assise en face de moi, de l'autre côté du bureau. Elle est terriblement émue. Beaudoin me dit : « Jean, tu ne peux pas ne pas y aller. C'est l'avenir du pays qui est en jeu. Tu es fait pour ça. Crois-moi, tu n'auras pas à dépenser beaucoup d'argent. Tu n'as pas à faire une campagne à grand déploiement. Loue-toi un autobus, fais le tour, tu vas voir. »

Je l'ai écouté attentivement et puis finalement j'ai dit : « J'y vais. » Tout le monde a applaudi. Sauf que maintenant il fallait écrire le discours ! Il était quatre heures de l'après-midi. Un vrai cauchemar. J'avais des amis qui m'écrivaient des notes dans la pièce à côté, même s'ils savaient très bien, me connaissant, que je n'allais pas lire leur discours parce que je ne suis pas un « lecteur de discours », à moins d'en avoir écrit le texte moi-même. Lire le texte des autres, pour moi, ça ne marche pas. Cela dit, c'était quand même un discours important, qui demandait beaucoup de préparation. En soirée, à Sherbrooke, j'ai fait mon discours, en direct sur Newsworld (RDI n'existait pas encore). Les gens dans la salle en ont été très heureux. C'était le coup d'envoi de ma campagne, et c'était somme toute bien commencé. En même temps, l'événement bénéfice nous faisait une première entrée de fonds pour la course au leadership. Ce soir-là, vers minuit, je ne l'oublierai jamais non plus, nous sommes partis de Sherbrooke en voiture, Michou et moi, pour retourner à la maison. Il faisait un temps horrible, très froid, avec une pluie verglaçante. Le vent soufflait, un vent bruyant, comme rarement j'en ai entendu. Nous sommes arrivés chez nous vers trois heures du matin. Je devais me lever très tôt pour passer à l'émission *Canada-AM,* à CTV, à sept heures du matin. Je me suis couché, et je me rappelle la sensation que j'avais en m'endormant. Je me disais : « Qu'est ce que je viens de faire là ? Je vais tout perdre. C'est pas possible. Je vais perdre ma maison. » C'est le sentiment qu'on a dans la vie quand on vient de plonger. C'est le pire moment, dans le fond. On ne sait pas encore s'il y a de l'eau dans la piscine. On est entre ciel et terre. On connaît tous des moments comme ça un jour ou l'autre. C'est la noirceur totale. Dans ces moments-là, tout ce qui nous reste, c'est notre foi, notre confiance dans le destin. On se dit : « Je ne sais pas comment, mais je vais y arriver. » C'est à peine si je ne me demandais pas s'il était trop tard pour annoncer le lendemain que c'était juste une blague…

Mauvaises surprises

Très rapidement, les choses se sont mises en branle. Nous nous sommes bâti une équipe de campagne, et ç'a été une des plus belles expériences de notre vie. Michou en parle encore aujourd'hui. Effectivement, on a fait la tournée en autobus que m'avait recommandée Denis Beaudoin. On est partis de rien. Dans le premier sondage, on était à 5 %, alors que madame Campbell était à 35 %. On partait avec des miettes. Alors, quand les gens me parlent de sondages aujourd'hui et me disent, par exemple, que je devrais être content parce que j'ai tel pourcentage dans les sondages, je me rappelle toujours que ça ne veut pas dire grand-chose. J'ai vu pire, mais j'ai survécu, j'ai surmonté ces obstacles-là. Il ne faut pas se laisser distraire. Le samedi qui a suivi mon entrée dans la course, le sondage Gallup n'était pas encourageant, mais cela ne m'a pas empêché de faire ma campagne et de parler des choses qui me tenaient à cœur.

J'ai, entre autres, parlé de déficit et de dette publique. C'est Robert-René de Cotret, alors président du Conseil du Trésor, un économiste de grand talent, qui m'a aidé à préparer mon programme économique, dans lequel nous promettions d'équilibrer le budget en quatre ans, en faisant un certain nombre de compressions. En tenant compte de la croissance économique qui était alors prévue, de l'incidence qu'elle aurait sur les revenus du gouvernement, et de la limitation des dépenses, on réussirait, selon nos calculs, à le faire en quatre ans. Madame Campbell de son côté prétendait qu'il en faudrait cinq. Le public, qui était déjà très sceptique face à la politique, et les médias aussi, ne voyaient là qu'une surenchère politicienne dont le but était d'obtenir la meilleure manchette possible dans les journaux. Aujourd'hui, force est de constater que le gouvernement canadien a bel et bien équilibré son budget en quatre ans. Je n'oublierai jamais ce que de Cotret nous disait, en fonction de ses analyses. Il prévoyait que le gouvernement fédéral, dans les quatre ans, allait avoir des entrées d'argent qui allaient de loin excéder ses dépenses. C'était déjà connu, prévu, et c'est exactement ce qui s'est passé.

L'autre enjeu de ma campagne était une politique « jeunesse » que j'avais mise au point quand j'étais ministre d'État à la Jeunesse. C'était l'occasion ou jamais de reprendre les idées pour lesquelles je m'étais tant battu parce que, si je gagnais mon pari, une fois premier ministre, j'aurais l'autorité nécessaire pour les mettre en application. C'est d'ailleurs ce projet qui a le plus frappé l'imagination des délégués. Partout où j'allais, je répétais que nous allions lancer une politique qui permettrait à chaque jeune d'être soit à l'école, soit dans un programme de formation, soit sur le marché du travail, soit occupé à un travail communautaire ; que, pour y arriver, j'allais changer la Loi sur l'assurance-chômage ; que j'allais mettre cette loi-là, avec un objectif de formation, au service des gouvernements provinciaux ; et que j'étais prêt à adapter la loi province par province, pour tenir compte des besoins de chacune. C'était un discours nouveau. Les gens y étaient sensibles parce qu'on sortait d'une récession, dont souvent leurs propres enfants avaient souffert, et parce qu'ils savaient que l'éducation était devenue un enjeu essentiel pour l'avenir.

De son côté, madame Campbell a fait la campagne de quelqu'un qui est en première place et qui veut éviter de trébucher et de faire des erreurs. Malgré tout, elle a connu sa part de difficultés. Il y a eu cinq débats télévisés. J'ai eu l'occasion de vérifier une observation qu'un ami m'avait faite très tôt, au début de ma course au leadership, à savoir que les campagnes de cette nature, à l'intérieur des partis politiques, sont une expérience très dure parce qu'on est en famille. On est témoin de choses qui nous montrent ce qu'il y a de meilleur mais aussi de pire dans la nature humaine. Les deux extrêmes se côtoient. Tout à coup, des gens avec qui vous croyiez partager une amitié profonde vous faussent compagnie, alors que d'autres avec qui vous n'auriez pas pensé avoir de très grandes affinités ont envers vous des gestes de solidarité fort courageux. J'avais ainsi des collègues du cabinet qui avaient tout à perdre en m'appuyant et qui l'ont fait quand même, sincèrement, parce qu'ils croyaient en moi, alors qu'ils jouaient leur avenir en le faisant.

Inversement, d'autres sur qui je comptais, pour toutes sortes de raisons, ont choisi de ne pas m'appuyer. Durant une course au leadership, les amitiés sont rudement mises à l'épreuve. Un de mes plus proches amis était Pierre Blais. Sa décision de ne pas m'appuyer a été très dure, autant pour lui que pour moi. On avait des atomes crochus. On aimait être ensemble. Je tentais depuis plusieurs jours de le joindre pour avoir son appui, alors qu'il était parti faire du ski avec ses enfants. Par une coïncidence assez inouïe, nous nous sommes croisés à l'aéroport de Toronto, alors que nous venions de débarquer chacun d'un vol de nuit, à six heures du matin, dans un aéroport désert. Nous avions tous les deux l'air complètement hagard. Il était accompagné de sa famille. Nous sommes arrivés face à face. Il n'y avait à peu près que nous dans tout l'aéroport. Il était dit que ce serait nous qui nous rencontrerions à ce moment-là! La conversation a été très courte, même banale, et terriblement triste. Je lui ai demandé: « Est-ce que tu vas m'appuyer ? » Il m'a répondu: « Non. » Heureusement pour lui et pour moi, la vie fait bien les choses. Nous nous sommes retrouvés par la suite. C'est pour dire comme les amitiés durent. On peut de temps en temps vivre des expériences comme celle-là, mais les amitiés véritables survivent. Entre Pierre et moi, l'amitié dure toujours.

Dans le cas de Jean Corbeil, qui était ministre des Transports, il avait tout à perdre en m'appuyant, mais il l'a fait quand même. Pierre Cadieux aussi. Et là c'est devenu la campagne de l'*underdog*. Les débats nous ont beaucoup aidés. Stratégiquement, comme on avait besoin de se démarquer, on souhaitait qu'il y ait des débats. Au premier débat en anglais, on sentait que madame Campbell n'était pas du tout préparée. Moi, je l'étais. Les gens ont tendance à faire une interprétation très simpliste des débats. D'abord, un débat, c'est vraiment du cinéma vérité. On ne fait pas un débat dans le but de faire un knock-out. C'est une grave erreur que d'entreprendre un débat en se disant qu'on va abattre l'adversaire. Il vaut mieux se concentrer sur le message qu'on veut livrer et qu'on pense être important pour soi. Évidemment, en cours de route, si jamais on voit une ouverture, on saisit l'occasion pour entreprendre notre adversaire. Mais il se peut très bien qu'on n'en voie aucune. Cela peut arriver. Les débats aujourd'hui sont tellement scriptés, réglementés, qu'il est devenu très difficile de tirer son épingle du jeu et de vraiment marquer des points contre un adversaire. Il n'y a pas de magie là-dedans. Ce n'est pas vrai qu'on fait trois heures de débat et que tout se décide sur la base d'une image à la télévision. Il faut être bien préparé. Il faut savoir ce qu'on veut dire. Il faut maîtriser suffisamment son sujet pour pouvoir être à la fois spontané et authentique. On ne peut pas inventer au fur et à mesure. Si mes débats ont bien marché, c'est parce que je sentais que j'étais bien préparé.

Après Montréal et Toronto, il y avait un débat à Calgary, ce qui me rappelle un épisode très dur. Bernard Valcourt, dont j'espérais l'appui, m'a appelé juste avant le commencement du débat pour m'annoncer qu'il ne m'appuierait pas. Il y avait là un geste calculé, délibéré, qui a eu son effet sur ma performance ce soir-là. Le coup a porté. Ça m'avait fait perdre ma concentration juste avant d'entrer en scène. Au débat suivant, à Vancouver, je me suis repris et on a continué.

Photo-finish

Quand est arrivé le congrès à Ottawa, on a dû se rendre à l'évidence, à savoir qu'on n'avait pas les ressources matérielles nécessaires pour rivaliser avec le camp de madame Campbell. Celui-ci a dépensé presque 2 millions de dollars cette semaine-là seulement, alors que notre campagne au total en a coûté 2,2 millions. Je savais cependant que les discours pouvaient constituer le point tournant. J'ai donc mis toute mon énergie à préparer le discours que j'allais prononcer, dans un environnement qui m'était complètement inconnu, c'est-à-dire une salle de huit mille personnes, ce qui n'est pas la même chose qu'une salle de quatre-vingts ou de huit cents personnes. C'est très intimidant la première fois. Au congrès, pour les candidats, le but des discours est de convaincre le plus grand nombre possible de délégués indécis. Le moment venu, mon discours a été très bien accueilli. On a senti un engouement, dans notre camp, de la part de nombreux délégués. Le lendemain, toutefois, au moment du vote, après le premier tour de scrutin, les jeux étaient faits. À la dernière minute, le candidat Jim Edwards, qui devait m'appuyer si madame Campbell ne passait pas au premier tour, est passé dans le camp de cette dernière. La déception chez nous a été très vive. Dès l'instant où Edwards s'est levé et s'est dirigé vers madame

Campbell, j'ai su que c'était fini. Cependant, dans une telle situation, les gens qui vous entourent ne le savent pas nécessairement, et c'était le cas de Michou et d'Amélie.

Entre les deux tours de scrutin, j'ai eu une brève conversation avec ma directrice de campagne, Jodi White, qui m'a dit : « C'est fini. Il faut trouver une façon de le dire à Michèle. Tu ne peux pas le lui dire ici, devant tout le monde. » Comme il faisait très chaud, on avait prévu un moment pour aller changer de chemise, et on a décidé que ce serait Denis Beaudoin qui nous accompagnerait et qui annoncerait la mauvaise nouvelle à Michou. Nous nous sommes dirigés vers la salle qu'on avait réservée et, pendant que je me changeais, Denis s'est assis avec Michou pour lui dire que c'était fini et qu'il allait falloir se préparer à retourner dans l'arena pour attendre le résultat. Michou était très déçue, comme tout le monde. Elle avait espéré jusqu'à la dernière seconde. Je lui ai dit : « Il ne faut pas que les gens dans notre camp sentent que c'est déjà fini. D'abord, on ne sait jamais, et puis c'est important pour eux. On a une responsabilité envers ces gens-là, qui nous ont appuyés, qui ont travaillé pour nous d'arrache-pied, qui nous ont fait confiance. Il faut maintenant être à la hauteur de la situation et être capable de passer à travers cette défaite-là la tête haute et pas de manière amère. Ils ne méritent pas, eux, d'en ressortir aigris. C'est à nous que revient la responsabilité de leur dire qu'ils peuvent être fiers de ce qu'ils ont fait, et que maintenant il faut tourner la page. Plus rapidement on le fera, et mieux ce sera pour eux, et pour nous. »

On a pris notre courage à deux mains. Les résultats ont été annoncés. Kim Campbell avait gagné, avec 52,7 % des votes. Une photo-finish. Il s'est alors produit une chose à laquelle on n'avait pas pensé. En effet, on avait complètement oublié de prévoir la réaction d'Amélie, qui avait dix ans, et qui avait insisté pour venir ce jour-là, malgré nos réticences. Pendant la course au leadership, nos enfants

n'avaient pas été présents du tout. C'était un choix que
nous avions fait parce que nous voulions éviter de les ex-
poser. Malgré cela, on nous reprochait de les utiliser pour
nous démarquer de madame Campbell, qui n'avait pas
d'enfant. Amélie de son côté avait suivi la course dans les
médias et, le dernier jour, elle avait absolument tenu à venir
avec nous. Elle s'était beaucoup amusée, mais comme nous
avions oublié de la préparer, quand les résultats ont été
annoncés, le choc pour elle a été très dur. Elle ne comprenait pas. Son père avait été « battu ». Elle était inconsolable.
On n'oubliera jamais le pauvre Joe Clark qui était assis à
côté d'elle et qui essayait de la consoler, pendant que
Michou et moi nous frayions un passage jusqu'à la scène. Je
n'ai personnellement jamais vu l'image que les gens de tout
le pays ont vue sur leur téléviseur, mais, pendant tout l'été,
je ne sais combien de fois on m'a dit: « J'ai suivi la course au
leadership, j'ai été très déçu, j'avais espéré que vous puissiez
gagner, mais vous savez, monsieur Charest, quand j'ai vu
votre fille pleurer à la télévision, j'ai pleuré aussi. » Je me
souviens d'une rencontre, dans un magasin à Sherbrooke.
Je croise une dame âgée accompagnée de son fils, un monsieur dans la quarantaine, très imposant, costaud, qui doit
mesurer au moins six pieds quatre. La dame m'explique
qu'elle a suivi ma campagne et qu'elle a eu de la peine, et
elle me dit: « Mon Dieu, monsieur Charest, quand j'ai vu
votre fille pleurer, j'ai pleuré », et son colosse de fils de
renchérir, d'une voix de basse: « Moi aussi! »

Lendemain de veille

Par la suite, en analysant ce qui s'était passé, j'ai réalisé que tous les désistements du début m'avaient ouvert le champ. Le problème des courses au leadership, c'est que tout se décide dans les premières semaines, et non dans les dernières. Il y a un phénomène humain qui veut que, une fois qu'un délégué a donné son appui à un candidat, il n'aime pas changer d'avis par la suite, même si un autre candidat fait une meilleure performance. Par loyauté, il se sent lié par son choix du début. C'est un trait humain qui est noble. Si vous décidez de m'appuyer et que par la suite un autre candidat vous demande votre appui, huit fois sur dix vous allez dire à ce dernier : « Oui, je sais que tu as fait un meilleur discours, et je sais que tu as fait une meilleure campagne, mais j'ai donné ma parole. » Pour les gens, c'est important, la parole donnée. Dans les courses au leadership, la meilleure façon de gagner, c'est donc d'aller chercher le maximum d'appuis tout au début. Le premier candidat à se présenter est celui qui se donne le plus de chances.

C'était exactement ce que madame Campbell avait fait. Quand les gens me disaient : « Il t'aurait fallu une semaine de plus », ils avaient raison, sauf que, la semaine de plus, il me la fallait au début, et non à la fin de la campagne. Ce qui m'avait ouvert le champ, c'était que tous les gros canons de l'Ontario s'étaient désistés les uns après les autres. Les premiers temps, certains délégués, qui attendaient de voir si ces gens-là allaient se lancer dans la course, ont hésité à se prononcer. C'est la raison pour laquelle j'ai été en mesure d'aller les chercher. J'ai ainsi connu des succès dans des endroits où je ne m'y attendais pas; cela reflète les valeurs canadiennes. En Alberta, par exemple, plusieurs personnes m'ont appuyé parce qu'elles aimaient bien mon approche. Quand quelqu'un disait à ces gens que ce n'était pas le tour d'un Québécois, ils s'en offusquaient, ça les heurtait. Dans la culture albertaine, l'idée que la valeur ou le destin d'un candidat soient déterminés par son lieu de naissance ou son rang social est inacceptable. « Il y en a qui disent que je devrais appuyer Kim Campbell parce qu'elle vient de l'Ouest, me disaient-ils, et que, toi, je ne devrais pas t'appuyer parce que tu viens du Québec. Eh bien, moi, je ne marche pas là-dedans. Si je t'appuie, c'est parce que tu es le bon candidat. » Pour Michou et moi, la course au leadership a été une expérience fascinante. Ça nous a permis de mieux connaître le pays. Nous nous sommes fait beaucoup d'amis. Ces amitiés-là sont forgées au fer rouge. C'est un des grands secrets de la politique. Ceux qui ne le vivent pas ne le savent pas. Quand on partage des expériences très intenses avec des gens, des amitiés se lient qui durent toute une vie et qui résistent à tout.

Le lendemain du congrès, Amélie, en se levant, m'a informé qu'elle ne voulait pas aller à l'école. C'est alors que je lui ai dit cette phrase qui m'a fait penser à ma mère : « Eh bien, moi, je m'en vais au bureau ce matin et, toi, tu retournes à l'école, et la vie continue. » Néanmoins, les jours qui ont suivi ont été difficiles. Moi-même, en dépit des conseils que j'avais donnés à ma fille, je n'ai pas très bien réagi. J'étais déçu, bien sûr, mais aussi amer. Je me rappelle être allé à une réunion du caucus qui a suivi la transition. Je suis arrivé en retard. Quand j'y pense aujourd'hui, je ne suis pas très fier de moi. Au lieu de bouder, j'aurais dû faire un effort.

Avec Kim, qui du jour au lendemain devenait premier ministre, les discussions ont été difficiles. Elle et les gens de son entourage ont beaucoup insisté pour que nous nous rencontrions dès le lendemain du vote. C'était une erreur. Nous aurions dû attendre. Il aurait été plus sage que nous nous parlions au téléphone et que nous nous donnions rendez-vous quelques jours plus tard. Quand nous nous sommes rencontrés le lendemain à midi, elle n'était pas très bien préparée, je pense, pour ce qu'exige une transition et pour parler à un adversaire qui était passé si près de la victoire et qui était très déçu. Je suis revenu de ce repas furieux. Ç'a très mal commencé les discussions sur le rôle que je pensais pouvoir jouer.

Finalement, on s'est remis de tout ça. Madame Campbell a formé son cabinet. J'ai été nommé vice-premier ministre, ministre de l'Industrie et de la Science (un nouveau ministère qui regroupait le ministère de l'Industrie, une partie de celui des Communications et celui de la Consommation et des Corporations) et ministre responsable du Bureau fédéral de développement régional du Québec (BFDRQ). J'avais donc des responsabilités ministérielles importantes, mais, malgré tout, il y avait une distance entre madame Campbell et moi, pour ne pas dire un froid.

Le désastre

Je me suis donc remis au travail. Malheureusement, je n'ai pas vraiment eu le temps d'apprendre à connaître mon ministère. On préparait des élections. C'était le mois de juin et les élections devaient avoir lieu à l'automne. Pendant l'été, je me suis beaucoup déplacé pour aider mes collègues dans tout le pays. J'ai participé à des assemblées de mise en candidature. Je n'oublierai jamais la réaction tout à fait typique des médias, qui demandaient: « Où est Charest? Il a disparu. » Le problème, c'est que Charest était constamment sur la route. Je me sentais obligé de l'être, d'une part parce que je voulais aider mes collègues, mais aussi parce que j'étais sous haute surveillance dans le Parti.

J'ai entendu dire qu'en 1984, à la réunion de cabinet où John Turner avait décidé de déclencher des élections, Jean Chrétien (qui avait été le rival de Turner dans la course pour succéder à Pierre Trudeau) avait des réticences. Eh bien, moi, sans divulguer de secrets d'État, à la réunion de cabinet où la décision a été prise de faire des élections, j'avais également de très fortes réticences et je les ai exprimées. On nous a présenté une stratégie qui définissait le leadership comme l'enjeu principal de la campagne. Ma réaction a été très directe. J'ai dit à mes collègues: « L'enjeu de la prochaine élection, c'est l'emploi. Si on dit qu'on veut régler le déficit pour créer de l'emploi, ça va ; si on veut parler de leadership pour créer de l'emploi, ça va. Mais ne nous trompons pas. L'enjeu de l'élection, ça va être l'emploi. Point. » Il y a eu un long silence autour de la table, et un malaise, parce que de toute évidence la décision était déjà prise. Il allait y avoir des élections. Or, entre madame Campbell et moi, donc entre la première ministre et son vice-premier ministre, un désaccord se dessinait. Quand Jim Edwards a pris la parole pour dire qu'il était d'accord avec moi, le malaise s'est approfondi encore plus. Il s'en est suivi une discussion, au cours de laquelle j'ai reçu une note de Jodi White, mon ancienne directrice de campagne, qui était devenue chef de cabinet de madame Campbell. « À toi de conclure la réunion, me disait-elle en substance. On s'en va en élection. Tâche de ramener ça. » J'ai compris ce qu'elle me demandait. J'ai fait un plaidoyer en faveur de madame Campbell. En sortant de la réunion de cabinet, je suis allé en point de presse. Il y avait là un journaliste que je connais bien, le correspondant parlementaire de la CBC, Jason Moscovitz, un homme très perspicace, qui en m'observant m'a posé une seule question, devant tout le monde : *« What's wrong*[7]*? »* Je lui ai demandé ce qu'il voulait dire, oubliant que, quand quelqu'un vous suit tous les jours pendant trois mois (Jason avait couvert ma campagne au leadership), il finit par vous connaître et par décoder votre langage corporel. De toute évidence, il avait senti chez moi un malaise. Quand je suis revenu à mon bureau, je me suis dit : « C'est mal parti. On va avoir de gros problèmes. »

Le lendemain, les élections ont été déclenchées. Madame Campbell est allée à Rideau Hall et, dès le premier jour, les choses pour elle ont commencé à mal aller. Et là j'ai eu une surprise. J'étais vice-premier ministre. Je pensais qu'on allait me faire participer à la campagne. Pourtant, pendant les deux premières semaines, personne ne m'a fait

---

[7]   « Qu'est-ce qui ne va pas ? »

signe. Personne ne m'a demandé de faire quoi que ce soit. J'avais des invitations qui me venaient de droite et de gauche, mais il n'y avait pas de plan, pas de rôle pour moi, venant du quartier général de la campagne. Pour les stratèges, la situation était un peu délicate. Le problème était qu'ils s'attendaient à ce que madame Campbell leur donne des directives quant à mon rôle. Comme elle n'avait rien fait dans ce sens, ils en avaient conclu qu'elle n'était pas à l'aise avec l'idée que je participe trop directement à la campagne. Ils n'ont donc pas bougé. C'est nous qui, au bout de dix jours, leur avons demandé : « Écoutez, est-ce que vous souhaitez qu'on fasse quelque chose ? » Là, les lumières se sont allumées, et on a fait une campagne dans tout le Canada. Une fois de plus, les médias se sont plaints que j'avais disparu de la carte. La réalité, cependant, est que les médias couvrent les chefs, et personne d'autre. Ils ne couvraient pas plus Paul Martin du côté libéral. Pendant les trois dernières semaines, j'ai beaucoup voyagé. Dans mon propre comté, les péquistes et le Bloc publiaient de prétendus sondages selon lesquels j'étais menacé. Je ne l'étais pas, mais ça a été très pénible. Aux Québécois, le Bloc promettait « le vrai pouvoir » à Ottawa. Quand Lucien Bouchard, s'adressant aux travailleurs de l'usine Bombardier à Sainte-Anne-de-la-Pocatière, s'est permis de promettre la construction d'un TGV Québec-Windsor, voyant que cette déclaration ne suscitait aucun remous dans les médias, j'ai dit à Michou : « On est faits ! » Le vrai pouvoir. Un TGV avec ça ? Et le chef du Bloc québécois allait tout nous organiser ça des banquettes de l'opposition. Ce n'était pas la dernière fois que Lucien sortait sa baguette magique dans le but d'obtenir des votes.

Enfin, il y a eu la fameuse fin de semaine où madame Campbell a été forcée de retirer l'affreuse publicité qu'elle avait fait faire sur Jean Chrétien. Le lendemain matin, dans le journal *La Presse,* il y avait un compte rendu d'une entrevue avec les éditorialistes où elle me dénonçait, ainsi que

Mazankowski, de Cotret et Mulroney. C'était irréel. On était
à une semaine des élections et elle dénonçait publiquement
des ministres de son propre cabinet et le premier ministre
sortant, l'homme à qui elle avait succédé à la tête de son
parti. Cette journée-là, Jean Corbeil, un autre de ses ministres, qui m'avait appuyé durant la campagne au leadership,
a écrit une lettre à madame Campbell pour lui demander
de se rétracter. On n'en revenait pas. On pensait que ça ne
pouvait pas être pire, sauf qu'on n'avait pas encore vécu le
jour de l'élection. Là, on allait apprendre que oui, ça pouvait être pire. Tant bien que mal, on a fini la campagne. On
était en très mauvais état. Vers la fin quand j'ai parlé à John
Tory, le directeur de la campagne, et que je lui ai demandé
combien de sièges on allait réussir à garder, il m'a dit qu'il
en espérait une douzaine.

Le soir des élections, le 26 octobre 1993, nous nous
sommes retrouvés avec deux sièges dans tout le Canada, celui
d'Elsie Wayne, dans les Maritimes, et le mien. Nous étions
en état de choc. Ce soir-là, Michou, d'un ton très sérieux,
pas du tout à la blague, m'a dit : « Jean, t'aurais mieux fait de
perdre. Ça se peut pas. Là, t'es pris. T'as trente-quatre ans.
Tu t'es fait réélire, mais pour le reste c'est un désastre. Tu
vas faire quoi, là ? Si tu avais perdu, au moins on pourrait
tourner la page, et tu t'en irais dans le secteur privé, et ça
finirait là, mais là, qu'est-ce que tu vas faire ? Tu ne peux pas
partir, tu viens de demander aux gens de Sherbrooke de te
réélire. » Là, c'était un peu le désespoir, mais nos sentiments
étaient partagés. J'avais survécu. C'était un moment très
fort parce que les gens de Sherbrooke avaient voté pour
moi, ils m'avaient appuyé envers et contre tout. C'était un
témoignage de confiance extrêmement émouvant. Le sentiment de ma responsabilité envers eux pesait sur mes
épaules. Il a été un facteur déterminant dans mon choix
d'avenir. J'avais aussi une responsabilité envers mon parti
et, aux yeux de l'histoire, la responsabilité de rebâtir ce
parti-là.

Seul réélu

À mon retour au Parlement, je me suis rappelé 1984 et tous ces gens que j'avais regardés de haut dans l'opposition parce qu'ils étaient des libéraux. Ils avaient régné pendant seize ans, pour soudain être réduits à quarante députés. Je les avais regardés avec dédain, les quarante qui avaient survécu. On était tellement mieux qu'eux, nous qui avions deux cent onze députés. Et là c'était nous qui passions d'un gouvernement majoritaire à seulement deux sièges !

Elsie Wayne et moi étions les seuls députés conservateurs élus. Des cent soixante-dix députés conservateurs qui avaient formé le gouvernement, j'étais le seul réélu. Tous les autres sans exception avaient été défaits. À notre dernière réunion de cabinet, tout de suite après l'élection, j'étais le seul réélu. Tous les autres ministres autour de la table avaient été défaits sans exception, y compris madame Campbell. Quand je suis allé à la dernière réunion de notre caucus, avec Michou, nous avons eu droit à un chaleureux accueil. J'ai fait le tour de tous mes collègues. Il ne restait que moi. Tous les autres étaient tombés dans la bataille.

Le Parlement canadien était maintenant polarisé entre, d'un côté, les bloquistes et les crypto-séparatistes du Reform et, de l'autre, la majorité libérale. Il n'y avait plus qu'un seul parti d'envergure nationale au Parlement. C'était une situation malsaine pour le pays. Pour que le

Canada puisse bien fonctionner, il faut qu'il y ait à l'intérieur du Parlement des partis qui ont une vision nationale. Sinon, où les Canadiens vont-ils pouvoir se retrouver pour discuter de leurs défis communs ? Il y faut des partis d'opposition capables d'offrir des solutions de rechange constructives aux politiques gouvernementales qu'ils critiquent. Il y faut des bâtisseurs, non des experts en démolition ; des gens qui construisent des ponts, non des gens qui s'ingénient à les faire sauter. Au cours de notre histoire, c'est au Parlement fédéral que se sont bâtis ces ponts entre les Canadiens. On vit dans un pays qui exige un effort constant en ce sens. Cette tradition bien canadienne de la recherche du compromis mutuellement acceptable forme notre histoire et fait la force du Canada. C'est le propre de notre géographie, de notre diversité linguistique et culturelle. On parle deux langues, il y a deux grandes cultures au Canada. En plus, la côte ouest est maintenant carrément tournée vers l'Asie et, dans le nord du pays, les Canadiens vivent et travaillent en inuktitut, en cri, en dene, en nombre d'autres langues autochtones. Pour effectuer les rapprochements, les accommodements nécessaires entre ces diverses identités, il faut des parlementaires qui croient à la cause. Parce que c'est trop facile, en politique canadienne, de mettre l'accent sur ce qui nous divise. C'est la solution démagogique et c'est la route la plus facile pour gagner, à court terme. Pour moi, en politique, les victoires à court terme ne veulent rien dire. Gagner une élection pour gagner une élection, c'est vide de sens. Si ce n'est pour bâtir une société meilleure, pour améliorer la vie de nos concitoyens, à quoi bon se faire élire ?

En revenant à Ottawa, je me suis rendu compte à quel point la vie politique peut être dure. La veille, on était le gouvernement, on prenait toutes les décisions et, soudain, on est *persona non grata,* totalement méprisé. Tous les endroits que j'avais l'habitude de fréquenter et où je m'étais senti chez moi étaient devenus des lieux étrangers, peuplés d'inconnus qui, à leur tour, affichaient envers moi le mépris que j'avais éprouvé pour le camp vaincu en 1984. Dans les corridors du Parlement, je croisais une foule de nouveaux députés libéraux, bloquistes, réformistes, bombant le torse, fiers de leur coup. Au Parti progressiste-conservateur, nous vivions quelque chose d'incroyable, puisqu'on avait obtenu 16 % des votes dans tout le pays et seulement deux sièges, alors que les bloquistes, avec 14 % du vote, constituaient l'opposition officielle et bénéficiaient de tous les privilèges de ce statut, incluant le droit de parole à la Chambre et des budgets de recherche considérables.

Quelques jours avant l'assermentation de son gouvernement, j'ai croisé Jean Chrétien dans un corridor au Parlement. Il m'a invité à venir prendre un café dans son bureau. On a eu une bonne conversation. Je lui ai dit à ce moment-là que j'aimerais bien pouvoir garder le bureau que j'avais au quatrième étage. Il m'a répondu qu'il ne pensait pas qu'il y aurait de problème. Néanmoins, par la suite, pour ce qui est des budgets de recherche, la réponse du gouvernement a été non. Pour le droit de parole à la Chambre des communes, à la période des questions, ç'a été non aussi. On donnait tous les moyens matériels et parlementaires à un parti dont la raison d'être était de faire éclater le Canada. Notre parti, un des trois seuls partis à la Chambre vraiment désireux de faire fonctionner le pays dans son ensemble, on le privait de ressources alors qu'il avait obtenu 16 % des votes. C'était antidémocratique. Pourtant, plus je protestais et plus je me rendais compte à quel point c'était futile. D'abord, dans l'esprit du public, nous avions été flanqués à la porte et nous le méritions, tant pis pour nous, point. C'était un raisonnement simple. La réponse était toujours à peu près la même. Les gens disaient : « De quoi il se plaint, lui ? Il sait pas qu'on vient de les mettre à la porte ? »

Au Parti progressiste-conservateur, on m'a confirmé dans mon rôle le 14 décembre 1993. Cela dit, le Parti avait

10 millions de dollars de dettes. Au lendemain de l'élection, nous avions environ quatre-vingt-dix employés permanents à mettre à pied, des gens qui, dans certains cas, travaillaient pour le Parti depuis une trentaine d'années. Ç'a été une tâche extrêmement pénible.

Bâillonné

À l'ouverture du Parlement, le 17 janvier 1994, quand nous nous sommes présentés à la Chambre des communes, Elsie Wayne et moi, nous avons découvert qu'on nous avait assis dans des sièges séparés l'un de l'autre, alors qu'il n'y avait aucune raison valable de le faire. Nous avons dû nous battre pour qu'on nous laisse nous asseoir côte à côte à la Chambre. C'était une discussion complètement inutile, futile, un enfantillage de la part des parlementaires. À quoi cela servait-il de nous séparer, si ce n'était simplement de retourner le couteau dans la plaie ? Je me disais : « C'est pas possible, de se comporter comme ça. » Comme on n'avait pas la moindre cote de sympathie ou d'écoute dans le public, c'était facile de frapper bas. On n'oublie jamais ça.

Dès le premier jour, avant la période des questions, le nouveau président de la Chambre, Gilbert Parent, s'est levé pour annoncer qu'il avait consulté les whips des trois partis officiellement reconnus et que la période des questions allait fonctionner de telle façon. C'est alors que j'ai réalisé à quel point mes droits parlementaires avaient été négociés à rabais. Dans la tradition parlementaire, le président a la responsabilité de représenter les droits individuels de chaque membre du Parlement. Or, je n'avais pas été consulté, on n'avait pas tenu compte de nos droits, on avait décidé que

les choses allaient marcher de telle façon et tant pis pour
ceux qui, en vertu de leur nombre (il faut un quorum de
douze députés), n'avaient pas le statut officiel de parti à la
Chambre et siégeaient comme députés indépendants. En
plus d'Elsie et de moi pour le Parti conservateur, il y avait
neuf députés néodémocrates qui siégeaient comme indépendants. Nos deux partis réunis avaient recueilli 25 % des
votes, un Canadien sur quatre avait voté pour nous, et on
venait de nous effacer, de nous rayer de la carte. J'ai protesté. Cela n'a rien donné.

Trente sous zéro

Le soir du même jour où le Parlement siégeait pour la première fois depuis l'élection, je devais assister à un souper bénéfice à Kapuscasing, dans le nord de l'Ontario. Pendant la campagne, le président du Fonds PC Canada avait pris l'engagement que, si le candidat de Kapuscasing était défait, quelqu'un viendrait participer à un événement bénéfice pour lui après l'élection, s'il en avait besoin. Or, non seulement j'étais le seul de ses anciens collègues qui n'était pas tombé au champ d'honneur, mais, dans le contexte postélectoral où nous étions, la seule personne qui était capable d'attirer un peu les gens était le chef du Parti. Cela dit, le Canada, c'est grand. Comme il n'était pas question que je sois absent de la Chambre le premier jour, j'avais accepté l'invitation à condition qu'on me trouve un vol nolisé pour m'amener à Kapuscasing tout de suite après la période des questions et me ramener à Ottawa plus tard dans la soirée. Cet hiver-là, il faisait très froid et, comme j'avais beaucoup voyagé depuis neuf ans dans le Nord, à bord de petits avions nolisés, je me rappelle avoir dit à la personne qui organisait le transport : «Assure-toi qu'il y ait du chauffage dans la cabine.»

Donc, je quitte Ottawa. Nous décollons. Nous volons contre le vent. Le pilote se tourne vers moi pour me demander si tout est correct. Je lui demande de monter le chauffage, il me fait un signe qui veut dire « OK ». Une demi-heure plus tard, tout en lisant mes notes, je m'aperçois que je gèle. Le moteur est très bruyant. On entend mal. Je tape sur l'épaule du pilote, il me fait un signe du pouce : « OK. » Une demi-heure plus tard, j'ai encore plus froid. La cabine est une vraie glacière. Je tape encore sur l'épaule du pilote, qui me fait encore signe que tout va bien. La température baisse toujours, alors là je lui tape sur l'épaule de nouveau, en criant pour essayer de me faire entendre au-dessus du bruit du moteur : « Montez le chauffage ! On gèle ! » Il me répond : « Mais je l'ai fait ! » Finalement, il vient en arrière, fait une vérification. Le chauffage ne fonctionne pas.

À cause du vent de face, au lieu d'une heure et demie, le vol dure deux heures et demie. Quand j'arrive à Kapus-casing, j'ai le pied gauche complètement gelé. Je ne le sens plus du tout. Je débarque de l'avion dans un froid polaire. Des gens m'attendent sur le terrain. J'ai de la difficulté à marcher. Je me rends à l'hôtel où a lieu l'événement. On m'a réservé une chambre. Je m'y installe. J'enlève mes souliers, mes chaussettes, j'essaie désespérément de faire dégeler mes pieds. Sur ces entrefaites, un monsieur entre dans la chambre, va prendre le séchoir à cheveux dans la salle de bains et se met à souffler de l'air chaud dans mes souliers. Pendant ce temps-là, je m'assieds sur mes pieds pour essayer de les réchauffer. Là, plusieurs personnes entrent à la queue leu leu pour venir dire bonjour au chef. Je n'oublierai jamais cette scène-là. Je suis assis, je me masse les pieds à deux mains. Les gens arrivent. Alors je me lève, pieds nus, et je me mets à leur serrer la main, tandis qu'un bénévole réchauffe mes souliers avec le séchoir.

Finalement, on se rend dans la salle. L'atmosphère est très sympathique. Une centaine de personnes se sont dépla-cées par ce froid et elles sont très heureuses de me voir. On sait qu'on n'est pas en ville avec la galerie de la presse d'Ottawa ou de Québec quand, après le point de presse, les journalistes demandent à se faire prendre en photo avec vous! Juste avant mon discours, une dame se lève et vient à la table d'honneur.

— Monsieur Charest, allez-vous parler bientôt? me demande-t-elle.

— Oui, dans quelques minutes, je pense, pourquoi?

— Ben, je voulais savoir quand partir mon auto.

— Pardon?

— Oui, oui. Je voulais juste savoir quand je devais sortir démarrer ma voiture.

Elle repart, informe les gens à sa table que je vais parler bientôt et, là, la moitié de la salle se lève et sort. C'est un peu déconcertant. Quand on annonce votre discours et que la moitié des gens partent, ça n'inspire pas tellement la confiance. Je demande à la personne assise à côté de moi ce qui se passe.

— Vous savez, m'explique-t-elle, il fait tellement froid chez nous que si vous commencez votre discours tout de suite, d'ici une heure les voitures seront réchauffées.

— Et l'autre moitié de la salle alors?

— Ah ben, eux autres, leur voiture fonctionne depuis qu'ils sont arrivés!

J'ai prononcé mon discours. On s'est bien amusés. Les gens se sont montrés très chaleureux envers moi. Ce n'était d'ailleurs pas la première fois que je remarquais que, chez nous, plus les hivers sont froids, et plus les gens sont chaleureux. Pour me montrer combien ils avaient apprécié le fait que j'aie pu me déplacer, ils m'ont offert de belles grosses mitaines en fourrure. Ça ne pouvait pas mieux tomber. Je les ai portées aux pieds pendant tout le vol du retour. Je suis arrivé chez moi à deux ou trois heures du matin. Michou n'était pas très impressionnée. «Qu'est-ce que tu fais? Tu commences de bonne heure... Tu rentres tard, avec ton histoire de Kapuscasing...» Je lui ai dit: «Laisse faire. Faut que je me réchauffe les pieds.» Je me rappelle m'être couché ce soir-là, complètement frigorifié.

Terminus!

J'avais beau être chef de parti, j'étais un député d'opposition, sans adjoint, sans voiture, sans ressources. Un jour que j'étais à mon bureau de comté, à Sherbrooke, une urgence m'a rappelé à Ottawa. Il fallait que je rentre immédiatement, mais comme je n'avais pas de voiture, j'ai dit à mon personnel de comté à Sherbrooke que j'allais prendre l'autobus. Il faut se mettre à la place de gens qui viennent de passer du gouvernement, où le chef de parti était premier ministre, avec tout ce que ça représente, et à qui leur chef annonce qu'il va prendre l'autobus. Ils ont protesté, répété qu'il n'en était pas question. « T'es le chef du parti, ça se peut pas que tu prennes l'autobus ! » Bon, je veux bien, mais on fait quoi là ? J'ai appelé à la maison, à Ottawa, pour prévenir Michou que je rentrais en autobus. Elle m'a dit : « Là, tu fais exprès juste pour me culpabiliser ! »

Finalement, je quitte Sherbrooke. L'autobus fait un arrêt à Montréal. Comme j'ai une heure de battement avant de repartir pour Ottawa, j'en profite pour aller manger au casse-croûte du terminus d'autobus. Au bout de quelques minutes, deux gars chauds viennent s'asseoir devant moi pour me regarder manger. L'un d'eux me dit, la bouche pâteuse : « Te connais, toi… T'es pas… Jean… Jean…? » Vu qu'on a souvent parlé de moi aux nouvelles depuis un an, les gens me reconnaissent. Je signe des autographes pour les chauffeurs de taxi, puis je remonte dans l'autobus pour Ottawa. En arrivant, je prends un taxi pour rentrer à la maison. J'arrive chez nous. Je monte à notre chambre avec mes valises. Michou est au lit en train de lire.

— Pis? me demande-t-elle.

— Pis quoi?

— Pis, qu'est-ce que t'as fait?

— Ben, j'ai pris l'autobus.

— T'as fait ça juste pour me culpabiliser!

— Non, non. D'abord je veux que tu saches, chère, que je suis très populaire au terminus d'autobus de Montréal.

Alors, Michou me regarde, sourire en coin, et elle me dit:

— Ouais. J'espère que ça te montera pas à la tête.

Traversée du désert

Le purgatoire a duré quatre ans. Sur le plan humain, ce n'était pas une partie de plaisir. Tous les jours, on se plaisait à me rappeler la déchéance de mon parti. Étant le seul réélu de mon parti, je devenais le seul responsable de toutes les fautes qu'on lui imputait. En 1984-1985, nous avions nous-mêmes vécu le phénomène de l'autre bout de la lorgnette. Heureusement, je me rappelais très bien la période de lune de miel qui avait suivi notre élection en 1984. D'un point de vue humain, la dynamique est assez simple. Un électorat qui vient d'élire un gouvernement ne change pas d'idée l'année suivante. Étant conséquent avec lui-même, il cherche à se confirmer qu'il a fait le bon choix. Alors, le gouvernement a beau faire n'importe quoi au début, le public trouve toujours des raisons pour lui pardonner ses erreurs. Il laisse la chance au coureur. L'autre phénomène qui est associé à celui-là, c'est que tout ce que le gouvernement précédent a fait est par définition mauvais. En 1984, Pierre Trudeau était devenu la pire calamité qui s'était jamais abattue sur le Canada. Tout ce que le gouvernement libéral avait fait avant nous était par définition mauvais. Il n'y avait rien de bon là-dedans. Rien. Point. Il n'y avait que nous et, après nous, le déluge. Or, l'envergure de notre déconfiture faisait maintenant que nous vivions avec encore plus d'acuité ce phénomène. Tous les problèmes qui surgissaient étaient entièrement la faute des conservateurs. Un point, c'est tout. Et celui qui incarnait maintenant le Parti conservateur, c'était moi.

Inutile de dire que tout cela se ressentait parmi nos troupes, nos militants et militantes de la base, qui étaient complètement démoralisés. Dans les circonstances, j'ai commencé par faire une tournée du pays, dans le seul but de les rassurer, d'être présent, de leur dire : « Je suis là. On recommence. On va rebâtir, ne vous en faites pas. » Mon message était simple : « Nous sommes la seule solution de rechange aux libéraux fédéraux. En tant que gouvernement, nous avons pris des décisions difficiles et courageuses. L'histoire nous jugera. Vous avez raison d'être fiers de ce que nous avons fait. En politique canadienne, il y a un mouvement de pendule entre les forces qui nous divisent et celles qui nous unissent. Ce n'est pas nouveau dans notre histoire. Le régionalisme, de temps en temps, prend le dessus. Il prend le dessus en l'absence d'une vision nationale suffisamment forte. Quand on n'a pas, dans notre parlement central, des leaders ou des partis capables d'articuler une vision suffisamment inspirante, à ce moment-là ce sont les intérêts régionaux qui dominent. C'est le défi constant de la politique canadienne. On est sans cesse mis à l'épreuve pour articuler, pour bâtir les ponts nécessaires au bon fonctionnement du pays. C'est un travail qui doit se faire sans relâche, sans répit. Parce que, dès l'instant où l'on pense qu'on a fini le travail, des gens surgissent qui ont une vision strictement régionale, et qui dans leur propre intérêt à court terme, s'ingénient à nous diviser. » C'était le message que je transmettais à mes troupes sur le terrain, en même temps que j'essayais de leur donner une certaine perspective, un certain recul par rapport à ce qui se passait. La population avait parlé. On acceptait le verdict. C'était à nous maintenant de nous retrousser les manches. À la blague, je leur disais : « Ils ont voulu nous rendre notre liberté.

Ils ont peut-être exagéré un peu. Ils ont même exagéré beaucoup. Mais on a retrouvé notre liberté, et maintenant on peut reconstruire le Parti. »

Je me suis remis au financement. Ç'a été très dur. Dans la première année, j'avais pris l'engagement d'aider tous ceux et celles qui étaient dans des situations difficiles, des gens qui n'avaient pas du tout vu venir le coup et qui s'attendaient au moins à récupérer leur dépôt, c'est-à-dire à avoir 15 % des votes dans leur comté. Or, au Québec, dans les deux tiers des circonscriptions, les députés sortants avaient perdu leur dépôt ; autrement dit, ils n'avaient pas le droit de réclamer, comme le prévoit la loi, le remboursement de la moitié de leurs dépenses permises. Ils étaient dans une situation désastreuse. C'étaient des cris de désespoir, de la part de gens qui avaient des familles à nourrir, qui se retrouvaient du jour au lendemain sans travail, sans le sou, endettés, et qui appelaient à l'aide. Sauf que nous avions été réduits à une armée d'un seul. Quand une association quelque part au pays organisait un événement bénéfice, il n'y avait que moi qui pouvais me déplacer. Ma priorité, pendant l'année qui a suivi l'élection, a donc été d'aider nos gens. J'ai participé à autant d'événements que j'ai pu, d'un bout à l'autre du Canada. Nous avons changé les règles de financement du Parti pour que les candidats défaits puissent conserver une plus grande partie des fonds qu'ils réussissaient à recueillir.

En même temps, je me suis attelé à la tâche de reconstruire les structures du Parti, avec l'objectif d'en faire le parti politique fédéral le plus moderne du pays. Je suis fier de ce que j'ai réalisé à cet égard, et je dois être dans un groupe sélect d'à peu près dix personnes qui sont au courant de tout ce qu'on a fait. Personne en effet ne suivait ça. Les médias n'en parlaient pas et le public ne s'en préoccupait pas du tout. Nous avons néanmoins refait les structures du Parti progressiste-conservateur de fond en comble, avec comme principes la démocratisation, la transparence et la responsabilité. Nous avons produit un document de réflexion. Nous avons organisé un congrès du Parti en avril 1995. Nous avons changé la méthode permettant de choisir le chef. Ayant moi-même souffert du système de délégués, qui concentrait le pouvoir dans les mains d'un petit nombre de personnes de l'establishment du Parti, j'ai voulu ouvrir le processus de sélection aux militants de la base. Le Parti s'est ainsi doté d'un système où le chef est élu au suffrage universel par les membres. Nous avons également refait la constitution du Parti de sorte que le chef soit responsable envers les membres, et les membres envers le chef. Sur le plan de la formulation des politiques, nous nous sommes obligés à un processus très ouvert de consultation avec les membres, ce qui nous a menés par la suite au congrès d'orientation qui a eu lieu en août 1996 à Winnipeg.

Comme je voulais me consacrer à la reconstruction du Parti, j'ai décidé que je n'allais pas être présent à la Chambre des communes. Je ne pouvais pas être partout. Étant donné que je n'avais pas de budget et qu'on ne me permettait ni de participer aux débats ni de poser des questions au gouvernement à la période des questions, je faisais strictement de la figuration. Pour moi, il fallait décider quelles étaient mes priorités. J'ai dit publiquement que je n'allais pas être présent à la Chambre, que j'allais travailler à la reconstruction du Parti et servir mes électeurs de Sherbrooke, tout en prenant l'engagement de me prononcer sur les projets de loi, même si j'étais absent de la Chambre. Cependant, on m'a, hypocritement, reproché mes absences.

Cela dit, je n'aurais pas pu avoir de partenaire plus dévouée qu'Elsie Wayne. À la blague, je disais que je partageais ma vie entre deux femmes, Michou et Elsie. Cette dernière avait été mairesse de la ville de Saint-Jean au Nouveau-Brunswick. Elle avait été membre de la commission Spicer. C'était une populiste, et c'est la raison pour laquelle elle avait été élue. Pendant les années qui ont suivi l'élection, elle a accepté de rester à peu près seule à la

Chambre des communes pour tenir le fort et au moins assister aux débats, puisqu'elle ne pouvait pas y participer. C'était très dur pour elle parce qu'il n'y a rien de pire en politique que de se retrouver seul, de ne pas être entouré. Heureusement que nous avions encore nos sénateurs, qui nous donnaient un sacré coup de main. Dans une certaine mesure, ils ont, pendant ces années-là, représenté la seule véritable opposition au gouvernement Chrétien. Lucien Bouchard et le Bloc québécois s'étaient fait élire en promettant « le vrai pouvoir » aux Québécois, mais c'était une véritable farce. Le gouvernement réussissait à faire passer n'importe quoi. C'était tellement vrai que le gouvernement Chrétien est le seul gouvernement de l'histoire canadienne qui en est venu à aimer et à apprécier la période des questions. Parce que la période des questions, par définition, c'est le forum de l'opposition. C'est sa raison d'être. Ce n'est pas censé être le forum du gouvernement. Sauf qu'avec les bloquistes et les réformistes, c'était vraiment facile. Les bloquistes s'alliaient avec le PQ, qui était à la tête du gouvernement à Québec depuis septembre 1994, pour faire de la provocation systématique dans le but de prouver que le Canada ne marchait pas et ne pouvait pas marcher. Ils pratiquaient la politique du pire, ce qui faisait que, pour le gouvernement, la réponse à toutes leurs questions était simple : « Oui, oui, on sait que vous n'êtes pas d'accord, vous ne pouvez pas être d'accord, vous êtes des séparatistes. » Le ministre ou le premier ministre s'assoyait et ça finissait là. Quant aux réformistes, ils n'avaient aucune expérience de la Chambre, de ses règles, et ils étaient bien naïfs dans leur façon de gérer les débats. Dans leur cas, c'était de l'incompétence pure. Ils ne savaient pas ce qu'ils faisaient. Ils ont perdu un temps fou au début à essayer de comprendre ce qui se passait autour d'eux.

Les libéraux ont bien profité de la situation. Ils n'avaient pratiquement pas d'oppositon. À tel point qu'ils se sont permis très tôt dans leur mandat d'abuser de leur pouvoir, par exemple en escamotant la loi sur la carte électorale ou le projet de loi sur l'aéroport Pearson. Le contrat de privatisation de l'aéroport Pearson, à Toronto, avait fait l'objet d'un débat intense pendant la campagne électorale. Le gouvernement conservateur avait gauchement annoncé son intention de privatiser cet aéroport, juste avant les élections, et avait insisté pour signer le contrat pendant la campagne électorale. On n'aurait pas dû. C'était un geste qui prêtait le flanc à toutes sortes d'insinuations, d'accusations de malhonnêteté. Jean Chrétien avait sauté sur l'occasion pour promettre d'annuler le contrat s'il était élu. Après l'élection, pour justifier cette décision, son gouvernement avait nommé Robert Nixon, qui autrefois avait été chef du Parti libéral de l'Ontario, pour faire enquête sur les circonstances qui avaient entouré la privatisation. Ce dernier avait fini par produire un rapport contenant des allégations très générales, pour tout dire un rapport bidon, sur la foi duquel le nouveau gouvernement avait annulé le contrat, ce qui allait coûter très cher à l'État canadien. Les promoteurs ont intenté des poursuites. Or, le projet de loi du gouvernement interdisait aux promoteurs d'avoir recours aux tribunaux. C'était du jamais vu. Ça allait à l'encontre de la Charte canadienne des droits et libertés. Mais ce contrat-là avait été tellement décrié par les libéraux durant la campagne électorale que personne ne s'en est formalisé. Le Bloc et le Reform s'en foutaient complètement. Le ministre de la Justice, Allan Rock, défendait l'indéfendable, et personne dans l'opinion publique ne semblait s'en soucier. Il a fallu que le barreau canadien dénonce le projet de loi et dise en toutes lettres qu'il était contraire à la Charte des droits et libertés, qu'il bafouait les droits les plus fondamentaux des citoyens, pour que le gouvernement soit finalement obligé de reculer. C'est le genre de situation à laquelle on s'expose quand un gouvernement n'a pour ainsi dire pas d'opposition.

Vers le référendum

En juillet 1994, le premier ministre Johnson a déclenché des élections générales au Québec. Daniel a eu l'amabilité de m'appeler ce jour-là pour m'informer de sa décision. Dès le début de la campagne, il est devenu évident que le chef du Bloc, Lucien Bouchard, au lieu d'aider le PQ de Jacques Parizeau, nuisait à la cause de ce dernier. On commençait déjà à sentir que la relation entre les deux hommes était difficile. Bouchard a même dû accepter un rôle plus discret parce que sa présence portait ombrage à son allié en diminuant sa stature.

Le soir des élections nous réservait une surprise. Daniel Johnson, grâce à une performance extraordinaire, avait réussi à obtenir à peu près le même pourcentage des votes que le PQ, et ce en dépit du fait qu'il avait pris les commandes du Parti libéral à la fin d'un deuxième mandat extrêmement mouvementé, marqué par l'échec de Meech, la crise d'Oka et les ravages causés par une récession. Seule la distribution des sièges avait permis au PQ de former un gouvernement majoritaire. Ce résultat mitigé a eu pour effet de causer chez les troupes péquistes, à la veille d'un référendum promis par Jacques Parizeau, une grogne et une inquiétude suffisamment palpables pour faire l'objet de longues analyses dans les journaux. Pour tout dire, leur campagne n'avait pas fait beaucoup de place au débat référendaire. Les péquistes, fidèles à leur habitude, avaient enterré leur option dans le but de se faire élire, jouant sur d'autres cordes, très négatives à l'endroit du gouvernement sortant, et promettant « l'autre façon de gouverner ».

Dès l'arrivée au pouvoir des péquistes, qui avaient obtenu des Québécois un mandat de « bon gouvernement », tout l'appareil gouvernemental a été lancé à fond de train dans la préparation d'un « référendum gagnant », la fameuse « troisième période » (après l'élection du Bloc à Ottawa et celle du PQ à Québec) de la stratégie référendaire de Jacques Parizeau. Monsieur Parizeau à cet égard avait pris l'engagement de poser une question claire. « Voulez-vous que le Québec devienne un pays souverain (ou indépendant) ? » avait-il précisé au journaliste Michel Vastel quelques mois avant l'élection[8]. Dans la même entrevue, il s'était également étendu sur l'importance de la clarté, reconnaissant que personne n'allait pouvoir tirer les conséquences d'une question ambiguë. « Son mot d'ordre : plus jamais d'ambiguïté », pouvait-on lire en sous-titre de l'article de *L'Actualité*. C'est la position que Jacques Parizeau a défendue jusqu'à ce qu'il trouve de nouveau sur sa route un certain Lucien Bouchard.

Du côté fédéraliste, nous étions sur le pied de guerre. Les sondages commençaient à esquisser un scénario de « noyau dur » de part et d'autre, c'est-à-dire qu'on pouvait tenir pour acquis que 40 % des gens allaient voter OUI et que 40 % allaient voter NON. Autrement dit, il y avait, entre les deux, 20 % de l'électorat qui était indécis et qui allait faire pencher la balance d'un côté ou de l'autre. Restait donc à savoir qui avait le plus de crédibilité auprès de cet électorat et, là, ça se polarisait. Chez les porte-parole fédéralistes, c'était mon nom qui ressortait dans les sondages. Chez les souverainistes, c'était ceux de Lucien Bouchard et de Mario Dumont. Les stratèges fédéralistes, reconnaissant

---

[8] *L'Actualité*, 15 avril 1994.

la contribution que je pouvais apporter, ont exprimé le souhait de me voir participer à une éventuelle campagne référendaire. Pour m'aider dans ma préparation, j'ai mis sur pied une équipe de stratégie incluant, entre autres, les sénateurs Pierre-Claude Nolin et Michel Cogger, Jean-Bernard Bélisle, Jean Bazin, Claude Lacroix et François Pilote, et nous avons établi des lignes de communication avec les autres partis fédéralistes, tant le Parti libéral du Québec que le Parti libéral du Canada. De toute façon, Daniel Johnson et moi, nous nous parlions régulièrement.

Pendant l'été 1995, Daniel Johnson et moi avons dîné ensemble, un soir à Montréal, pour discuter du référendum. À ce moment-là, déjà, nous commencions à préciser la stratégie que nous allions adopter. J'ai dit à Daniel qu'on pouvait difficilement mettre de l'avant, en vue du référendum, un projet concret qui allait être traité équitablement ; qu'il fallait laisser aux souverainistes le fardeau de la preuve ; que ce n'était pas nous qui proposions de séparer le Québec du reste du Canada ; et qu'il fallait les forcer à démontrer à la population québécoise le bien-fondé de leur projet de sécession. En même temps, il fallait dire aux Québécois ce que cela signifiait de voter NON, c'est-à-dire rattacher ce choix-là à une vision d'avenir, à un projet de société à bâtir avec les autres Canadiens, qui débordait le cadre référendaire. Or, nous faisions face à une difficulté d'ordre pratique. En effet, le premier ministre du Canada, Jean Chrétien, avait vécu le référendum de 1980, où des engagements avaient été pris par le premier ministre de l'époque, Pierre Trudeau, des engagements qui, à tort ou à raison, avaient été perçus par la suite comme n'ayant pas été respectés. Il ne souhaitait pas répéter le même scénario. D'une certaine manière, c'était, politiquement parlant, une situation assez injuste parce que Chrétien était maintenant premier ministre et que les circonstances avaient changé. Quoi qu'il en soit, c'était la situation avec laquelle nous devions composer.

Le passeport

J'ai commencé une première tournée au mois de septembre, à Sept-Îles. Nous sommes ensuite descendus en voiture à Baie-Comeau, où j'ai prononcé un discours devant la chambre de commerce et, finalement, nous avons filé vers Charlevoix sous une pluie glacée. Je suis rentré à Montréal tard dans la nuit. Je devais me lever tôt pour faire une entrevue à la télévision. J'avais pris froid. Le lendemain, j'étais malade. Je n'avais plus de voix. La fin de semaine suivante, à la mi-septembre, avait lieu le premier grand rallye fédéraliste dans la Beauce. Je m'y suis rendu en voiture. Depuis plusieurs jours, je me creusais les méninges pour trouver une façon d'exprimer ce qui pour moi était l'enjeu réel du référendum. Je me suis posé la question suivante : Dans le fond, quelle est la chose la plus précieuse que nous laissons derrière nous, si jamais nous décidons de nous séparer du Canada ? C'est alors que m'est venue l'idée du passeport.

Le passeport canadien est un puissant symbole. Il représente un élément important de notre identité, auquel nous sommes profondément attachés. Il symbolise aussi la place que nous occupons dans le monde, et la réputation dont nous bénéficions. Sans exagérer la place relativement modeste que nous occupons sur la scène internationale, on peut dire que nous avons une influence démesurée par rapport à notre population (30 millions d'habitants) et à la taille de notre économie (4 % du PIB mondial). Pourquoi? Parce que nous nous sommes donné des libertés que d'autres n'ont pas et rêvent d'avoir. Grâce aux efforts conjugués et cumulatifs de plusieurs générations de Canadiens et de Canadiennes, au Québec comme dans les autres provinces et territoires, le Canada est devenu un pays dont la citoyenneté est l'une des plus convoitées de la planète.

Ce qui est noble, ce qui est beau, c'est le type de société que nous avons construite ensemble au Canada, une société différente de toutes celles qui nous entourent. Surtout dans le contexte de la mondialisation, nous nous distinguons des autres pays par les choix que nous avons faits tant sur le plan de la langue et de la culture que sur celui de nos valeurs. Nous avons trop souvent tendance, au Québec et dans le Canada tout entier, à sous-estimer, à minimiser, à banaliser nos valeurs communes, qui pourtant se manifestent constamment dans notre vie de tous les jours. La liberté, les valeurs démocratiques, le respect des différences, la compassion, la solidarité sont des valeurs communes à tous les Canadiens. Les Québécois et les Québécoises se reconnaissent dans ces valeurs-là.

Aujourd'hui, nous avons une citoyenneté qui incarne nos valeurs aux yeux du monde. Elle n'aurait pas cette valeur-là, n'eût été la contribution des Canadiens français et des Québécois. Or, cette citoyenneté, qui définit notre appartenance à notre pays, n'exclut pas la reconnaissance d'identités diverses, bien au contraire. L'une n'empêche pas l'autre. Ce qui fait la richesse de la citoyenneté canadienne, c'est qu'elle reflète plusieurs identités différentes à l'intérieur d'un même pays. Cette diversité a toujours existé, elle a toujours fait partie de notre réalité. Depuis les débuts de notre histoire, nous avons été enrichis par la coexistence chez nous de deux langues, de deux cultures. Il n'y a aucune espèce de contradiction entre le fait d'être Québécois et celui d'être Canadien. Il n'y en a jamais eu. D'ailleurs, les

Québécois ne perçoivent pas de contradiction entre leur identité et leur citoyenneté. Il n'y a que les gens les plus étroits d'esprit qui se disent incapables de concilier ces deux dimensions de notre réalité.

Pourtant, qui pourrait prétendre qu'on ne peut être à la fois Montréalais et Québécois, qu'il faut être l'un ou l'autre ? Qu'on ne peut pas être femme et Québécoise ? Qu'on ne peut pas être d'origine irlandaise et en même temps Québécois ? Ce sont des dimensions complémentaires de ce que nous sommes. Ce qu'il y a de précieux là-dedans, ce sont les fondements d'une liberté qu'il ne faut jamais perdre de vue. La liberté d'être, par exemple, à la fois Sherbrookois, Québécois et Canadien ; à la fois Irlandais, francophone, catholique et Montréalais. Un des atouts les plus précieux que je possède dans ma vie, c'est de pouvoir communiquer en français et en anglais, d'avoir accès à deux langues, à deux cultures d'envergure mondiale, qui se reflètent dans notre citoyenneté. Pour moi, pour mes enfants, pour les Québécois, pour les Canadiens, c'est un instrument de liberté.

Au-delà des libertés qui sont exprimées dans les lois, dans les chartes, et qui représentent des expressions formelles minimales en deçà desquelles notre société cesserait d'être une véritable démocratie, la liberté vécue au quotidien, c'est celle qui permet à l'individu de s'épanouir, d'exploiter son plein potentiel ; qui nous permet d'apprendre et de comprendre davantage, de voir plus loin et, en fin de compte, de faire de meilleurs choix, des choix plus éclairés, pour nous-mêmes et nos enfants. C'est une lumière sur nos vies, un éclairage d'une valeur inestimable. Ce qui fait la grande force du Canada, c'est que nous y jouissons d'une liberté assez grande pour nous permettre d'être différents les uns des autres tout en partageant les mêmes valeurs. Ce qui fait la force du Canada, ce sont ces valeurs communes que nous partageons : la démocratie, la solidarité, la tolérance, le respect des différences, la recherche de compromis.

Nous avons beau être un jeune pays, il n'empêche que nous sommes l'une des plus vieilles démocraties du monde. Ne l'oublions pas. L'immensité même du territoire, avec sa faible population, crée chez tous les Canadiens une obligation de solidarité pour survivre. Nous avons toujours eu besoin les uns des autres. La citoyenneté canadienne est le reflet et le symbole de notre partenariat, de notre solidarité, de nos valeurs communes.

Le passeport incarnait donc à la perfection tout ce que nous risquions de perdre en votant OUI. Au rallye dans la Beauce, Lucienne Robillard, représentant le gouvernement fédéral, Michel Bélanger, le président de notre comité référendaire, qui avait coprésidé la commission Bélanger-Campeau, Daniel Johnson et moi-même avons tour à tour pris la parole. C'est alors que, m'époumonnant parce que je n'avais plus de voix, j'ai sorti de ma poche le passeport. L'explosion de joie qui a accueilli mon geste m'a fait comprendre que j'avais vu juste.

La campagne référendaire a été officiellement lancée au début du mois d'octobre; elle devait durer une trentaine de jours. Nous nous y sommes lancés corps et âme. Les porte-parole fédéralistes sillonnaient le Québec, chacun de leur côté. De temps en temps, nous nous regroupions, à l'occasion d'un rassemblement de grande envergure. En prévision du premier grand rallye fédéraliste de la campagne, à Shawinigan, dans le comté de Jean Chrétien, auquel ce dernier devait participer, il y a eu un débat dans mon équipe qui se demandait si je pouvais me retrouver sur la même scène que lui. Les élections fédérales de 1993 étaient encore toutes fraîches dans les mémoires. C'était un débat douloureux pour les conservateurs parce que, en politique partisane, on en veut toujours à ses adversaires. C'était une situation qu'il fallait gérer. J'en suis rapidement venu à la conclusion que ce n'était pas le moment de laisser la partisanerie nous dicter notre ligne de conduite; que, dans ce contexte-là, il n'y avait qu'un seul intérêt qui comptait, celui du pays.

Le virage

Pendant ce temps-là, il devenait de plus en plus évident que la campagne des péquistes ne décollait pas. Ils avaient besoin de changer de stratégie, ce qui a été fait de façon spectaculaire. Lucien Bouchard, sans consulter Jacques Parizeau, a déclaré tout net aux médias qu'un « virage » s'imposait. Le premier ministre du Québec, acculé au pied du mur, cherchant sans doute à limiter les dégâts qu'un manque aussi flagrant de loyauté envers son leadership risquait de causer dans son organisation, a dû rapidement se plier aux diktats de son allié. Il devait sous peu le nommer son « négociateur en chef », dans l'éventualité d'un OUI, pour les négociations qui suivraient avec le reste du Canada.

Afin de faire basculer dans leur camp le plus grand nombre possible de ce que les stratèges péquistes se plaisaient à appeler les « mous », les souverainistes avaient recruté Mario Dumont et concocté une « offre de partenariat » d'une naïveté (ou d'un cynisme) inouï. Tout en menaçant, dans son avant-projet de loi sur la souveraineté du Québec, de déclarer unilatéralement la sécession au bout d'un an si les négociations avec le reste du Canada ne se déroulaient pas comme il le voulait, le régime péquiste tentait maintenant de faire croire à la population que, dans l'éventualité d'un OUI, on allait pouvoir, à tête reposée, devant une tasse de café, négocier un « nouveau partenariat ». Ils allaient discuter, nous assuraient-ils, « d'égal à égal », « dans le calme et la sérénité », avec le « peuple ami, le partenaire, le voisin, avec qui on a[vait] toujours vécu »[9] (et dont on aurait fait éclater le pays). C'était complètement aberrant. Il suffisait d'aller tâter le terrain à l'extérieur du Québec pour voir immédiatement que cela ne tenait pas debout. C'était très mal connaître les Canadiens des autres provinces, sinon délibérément induire les gens en erreur, que de leur laisser croire que tous ces bouleversements allaient passer comme une lettre à la poste. Les audiences orageuses du comité Charest, de la commission Spicer, la tourmente de Meech, la crise d'Oka, ne nous avaient-elles pas donné un avant-goût de ce qui nous attendait, d'un bout à l'autre du pays ? Ceux qui oublient leur histoire ne sont-ils pas condamnés à la répéter ?

Ce qui était le plus frappant tant dans la menace de sécession unilatérale que dans la prétendue « offre de partenariat », c'était que les péquistes, qui aiment tant se draper dans le manteau de la démocratie, niaient que, au lendemain d'un vote référendaire qui leur serait favorable, il y aurait douze autres gouvernements au Canada qui n'auraient aucun mandat, eux, de leur population pour négocier quoi que ce soit. Ils refusaient de reconnaître qu'une des conséquences prévisibles d'un OUI serait que les Canadiens des autres provinces et des territoires réclameraient le même droit que s'était donné la population du Québec de se prononcer sur leur avenir. Présumer, de toute façon, que « le Canada anglais » était un bloc homogène témoignait d'une naïveté, pour ne pas dire d'une ignorance, incroyable. Il faut savoir que les régions du Canada sont très différentes les unes des autres. Là où nous nous rejoignons, c'est sur le

---

[9] Voir, entre autres, le discours de Lucien Bouchard à Verdun, le 25 octobre 1995.

plan des valeurs. Or, cela, les péquistes l'avaient bien compris, comme en témoignait leur discours préréférendaire, tout entier axé sur le maintien du dollar canadien et de l'union économique, ainsi que sur les valeurs canadiennes de tolérance, de compassion et de solidarité. Un autre argument préféré des souverainistes en faveur de la séparation, c'était notre différence, à « nous », Québécois. Être différent, selon eux, ça voulait dire qu'on ne pouvait pas vivre avec « les autres ». À ce compte-là, Jonquière et Chicoutimi ne pourraient pas être dans le même pays ! Quand on connaît les rivalités qui existent entre Montréal et Québec, le prétexte de la différence ne tient pas debout. Cet argument m'horripilait. Ce n'était pas vrai que nous avions consacré tant d'efforts et de créativité à bâtir un pays fondé sur le respect des différences, pour le briser et nous en construire un autre basé sur l'uniformité juste à côté.

Verdun

Six jours avant le référendum, les forces fédéralistes se sont rassemblées au centre sportif de Verdun. Le changement dans l'atmosphère était palpable. C'était la journée où les marchés avaient mal réagi au plus récent sondage, qui indiquait un resserrement de l'écart entre le OUI et le NON. Autour du centre sportif, toutes les rues étaient bouchées. J'étais exaspéré, impatient. J'ai dit : « J'en ai assez, on marche », et je suis descendu de la voiture. En marchant le long de la rue, j'ai aperçu devant moi, dans la file de voitures immobilisées, le premier ministre Chrétien qui, lui aussi, descendait de sa voiture avec son épouse Aline. Nous nous sommes salués et nous avons marché ensemble. Sur son chemin, les gens s'arrêtaient pour le saluer, alors je lui ai servi la vieille blague que Camillien Houde avait faite à la reine d'Angleterre. Je lui ai dit : « Vous savez, il y a des gens là-dedans qui vous saluent aussi ! » Il a bien ri.

Je suis entré dans le centre sportif. Il était rempli à craquer, tandis que la multitude de gens qui n'avaient pas pu entrer attendaient dehors sous la pluie de pouvoir suivre les discours sur écran géant. Quand les discours ont commencé, la salle a explosé. Je n'avais jamais vu une foule aussi déchaînée. Daniel Johnson a parlé en premier. J'ai pris la parole tout de suite après lui. Dans mes discours, j'aime être spontanné. Quand j'ai été en contact avec des gens dans la salle avant de commencer, ça m'alimente. Le défi d'un discours, c'est d'essayer de saisir, de cerner le moment. J'ai commencé en disant que, le premier ministre et moi, nous nous étions croisés en venant là, que nous avions marché ensemble et que, quelles que soient les circonstances, quel que soit l'endroit où je serais, quelles que soient nos allégeances politiques, chaque fois qu'il s'agirait de préserver le Canada pour les Québécois, lui et moi, nous marcherions sur la même route. Ce soir-là, le premier ministre, en réponse à l'appel que lui avait publiquement lancé Daniel Johnson quelques jours auparavant, a pris un certain nombre d'engagements, dont celui de reconnaître le caractère distinct du Québec et de rétablir le droit de véto. Ce soir-là aussi, je me suis engagé à me faire le gardien de ces engagements.

Le dérapage

Quelques semaines auparavant, un grand rallye fédéraliste avait été organisé au Palais des congrès, avec les gens d'affaires. Ils étaient trois mille, et on sentait combien ils étaient impatients de s'exprimer publiquement. Ces gens-là étaient venus dire aux autres Québécois à quel point ils souhaitaient que le Canada réussisse et que le Québec réussisse à l'intérieur du Canada. Ce soir-là, je suis parti tout de suite après mon discours afin de prendre l'avion. Je devais participer à un débat à l'émission *Le Point* de Radio-Canada, à la Vieille Pulperie de Chicoutimi. J'étais d'autant plus heureux de me retrouver dans cet édifice que j'en avais parrainé le projet de réaménagement du temps où j'étais ministre de l'Environnement (responsable, à l'époque, des sites et monuments historiques, ainsi que du Bureau fédéral de développement régional du Québec) et que j'avais, une fois vice-premier ministre dans le gouvernement de madame Campbell, fait débloquer les fonds nécessaires pour le réaliser. Participaient également à l'émission ce soir-là la députée libérale Liza Frulla et, du côté souverainiste, le député péquiste Jacques Brassard et l'ex-syndicaliste Monique Simard.

En arrivant dans la salle, nous avons tout de suite senti, Michou et moi, une atmosphère à couper au couteau.

Le débat, animé par le journaliste Jean-François Lépine, s'est déroulé assez civilement, sauf que, à chaque pause publicitaire, Liza Frulla et moi, nous nous faisions invectiver par des gens qui se trouvaient dans la salle. Une fois le débat terminé, nous avons constaté que les invités, dans la salle, du côté souverainiste, continuaient de nous manifester un degré d'hostilité que je n'avais jamais vu durant une campagne électorale. En quittant la salle, Michou et moi, pour la première fois de notre vie, avons failli être agressés physiquement. Nous n'avions pas de gardes de sécurité. Michou était très ébranlée. C'est François Pilote, mon adjoint, qui est venu à notre rescousse. En plus de dix ans de vie politique, c'était la première fois que nous nous étions sentis menacés lors d'un événement public.

Vers la fin de la campagne, le débat public a connu des dérapages très inquiétants. Nous avons tous encore présentes à l'esprit les déclarations de Jacques Parizeau, le soir du référendum, sur « l'argent et des votes ethniques ». Cependant, il y en avait eu d'autres pendant la campagne référendaire. Qu'on se rappelle seulement le soir du grand rassemblement souverainiste du 25 octobre au centre sportif de Verdun. On était à cinq jours du référendum. Les passions étaient à leur comble. Au lieu de calmer le jeu, d'agir en homme politique responsable, Bouchard jetait de l'huile sur le feu. La seule conclusion qu'on pouvait tirer de ces tirades et des réactions qu'elles suscitaient chez un trop grand nombre de partisans souverainistes, était que leur projet n'était motivé que par la hargne et le ressentiment. Il ne reposait pas sur une vision d'avenir généreuse et constructive, mais sur un règlement de comptes avec des ennemis, des « traîtres », dont le principal péché était de ne pas penser comme eux.

Malgré ses panneaux publicitaires représentant une marguerite ou le symbole *peace and love* du mouvement hippie des années 1960, la campagne souverainiste avait été essentiellement négative. Dans sa propagande antifédéraliste, le camp du OUI misait, entre autres, sur la situation économique du Canada, dont le déficit et la dette, à l'époque, lui avaient attiré de sévères critiques du *Wall Street Journal*. Les péquistes prétendaient que le Canada était en faillite. «Aussi bien quitter le navire avant qu'il ne coule», se plaisaient-ils à répéter. Ils cherchaient à entretenir dans la population l'illusion qu'on n'avait rien à perdre en quittant le Canada. Ils exploitaient sans scrupule la conjoncture économique pour prétendre que la souveraineté allait régler tous les problèmes. Souvenons-nous que Lucien Bouchard, pendant la campagne référendaire, est allé jusqu'à dire qu'un OUI aurait l'effet d'une «baguette magique»! Malgré l'énorme déficit de l'État québécois, que le budget Campeau avait chiffré à 5,7 milliards de dollars, autant Lucien Bouchard que Jacques Parizeau prétendaient qu'un OUI protégerait les Québécois des restrictions budgétaires (le fameux «vent froid de l'Ouest» qui «balayait» alors les provinces anglophones et qui «menaçait», nous assurait-on, de déferler sur le Québec). En réalité, ainsi que le démontre un article du journaliste Denis Lessard, paru dans *La Presse* du 20 octobre 1995, en pleine campagne référendaire, les hauts fonctionnaires à Québec se préparaient à effectuer des compressions draconniennes dans les budgets de tous les ministères, dès après le référendum, quel qu'en soit le résultat[10].

---

[10] Voir «Québec devra bientôt serrer la vis – Des lendemains budgétaires difficiles après un OUI ou un NON», *La Presse,* 20 octobre 1995.

50,4 %

La soirée référendaire est gravée à tout jamais dans les mémoires. Avec 50,4 % des votes, nous avions gagné, mais nous étions passés à un cheveu de perdre le Canada. Ce soir-là aussi, nous avons eu droit à l'odieuse tirade de Jacques Parizeau, accusant «l'argent et des votes ethniques» d'être responsables de la défaite de son option. Or, quand on est en politique, ce n'est pas vrai qu'on a le droit de dire tout ce qui nous passe par la tête, même dans les moments les plus pénibles, parce qu'on parle au nom des autres, et en premier lieu de ceux et celles qui nous ont élus. C'est une lourde responsabilité. Jacques Parizeau était premier ministre du Québec. Le soir du 30 octobre 1995, il parlait en notre nom à tous.

Le résultat serré du référendum garantissait que les péquistes allaient revenir à la charge. Il nous rappelait aussi les limites des référendums dans le contexte d'une démocratie moderne. Il y en a pour qui un référendum est LA réponse, une réponse forcément simpliste, aux problèmes qui se posent dans une démocratie. C'est le cas, notamment, des souverainistes et des réformistes. Cependant, une démocratie moderne ne se résume pas à une simple formule mathématique, où l'on compte des votes, un point, c'est tout. Dans une véritable démocratie, nous devons être en mesure de tenir compte des positions minoritaires, de ceux qui ne sont pas d'accord avec nous. C'est l'essence même d'une démocratie moderne. C'est la raison pour laquelle personne au Canada ne conteste le droit d'un gouvernement québécois à tenir un référendum sur la sécession. Le Canada est à l'avant-garde des démocraties du monde justement parce qu'il accepte la dissidence.

À cet égard, la réussite canadienne au Sommet de la Terre, à Rio, est un bel exemple de l'esprit démocratique dont je parle. La position que le Canada a alors adoptée tenait compte des opinions exprimées par tous les membres de la délégation canadienne (qui provenaient, comme on l'a vu, de tous les milieux), y compris ceux et celles dont les opinions différaient de celle du gouvernement. Au lieu de les exclure du processus, nous les y avons inclus, nous les avons consultés, nous leur avons donné voix au chapitre. Cela ne veut pas dire que nous leur avons toujours donné raison, mais nous leur avons donné l'occasion de nous convaincre. Nous nous sommes nous-mêmes obligés à tenter de les convaincre à notre tour. Ce genre d'expérience illustre bien le vrai défi de la démocratie. On est loin des « homards » piégés de Jacques Parizeau. La vraie démocratie oblige aussi les institutions démocratiques parlementaires et les gouvernements à partager l'information avec leurs opposants. Car le véritable défi des hommes et des femmes politiques n'est pas tant de « gagner » que de convaincre. À cet égard, la vraie démocratie requiert une bonne dose non pas de propagande mais de pédagogie. Certains croient que le pouvoir, c'est faire ce qu'on veut, alors que c'est tout le contraire. L'avantage de gouverner, c'est le privilège que cela nous donne de définir l'ordre du jour. Cependant, à partir de là, tout n'est qu'obstacles et, pour ceux qui font fi des opinions dissidentes, les obstacles deviennent rapidement insurmontables. Dans cette perspective, même si la règle démocratique veut qu'un référendum sur la séparation soit «gagnant» avec 50 % des voix plus 1, dans les faits un référendum sur la séparation où le OUI l'emporterait avec 51 % ou 52 % des voix créerait du jour au lendemain une société scindée en deux. Dès lors, on bâtirait sur des sables mouvants. Et puis on bâtirait quoi au juste? Et pour qui? La population du Québec serait braquée, polarisée, coincée. Il faut cesser de perpétuer ces divisions entre nous. Il est temps de retrouver cette volonté commune qui nous a permis de bâtir le Québec et le Canada.

« T'es qui, toi ? »

Au lendemain du référendum, Jacques Parizeau, par suite de ses déclarations de la veille au soir, s'est vu forcé de démissionner. Lucien Bouchard, comme tout le monde s'y attendait, n'a pas tardé à prendre sa place. Pour sa part, le premier ministre Chrétien a rapidement décidé de présenter des résolutions à la Chambre des communes sur la reconnaissance du Québec comme société distincte et sur le droit de véto. J'ai eu l'occasion de le rencontrer pour en discuter avec lui à sa résidence officielle, au 24, promenade Sussex. Moi, je m'opposais à l'idée de présenter ces deux résolutions, non pas parce que je ne voulais pas qu'on reconnaisse le Québec comme société distincte (j'avais déjà voté plusieurs fois en faveur de cette reconnaissance à la Chambre des communes dans le passé), mais parce qu'il restait à mon sens un important travail pédagogique à faire dans tout le pays. Je lui ai donc recommandé de ne pas agir avec précipitation. Il fallait au contraire prendre le temps de refaire un consensus, au Québec et dans les autres parties du Canada. Mike Harris d'ailleurs avait eu la même réaction, essentiellement pour les mêmes raisons. J'ai dit au premier ministre Chrétien : « Si vous faites ça maintenant, vous allez polariser le pays. Vous allez donner des armes à Preston Manning [dont l'opposition au concept de société distincte était bien connue] qu'il va utiliser contre vous et contre tout le monde, et ça va empoisonner davantage le débat.» J'ai ajouté que nous avions intérêt à prendre un peu de recul, à rebâtir les ponts au Canada, en mettant davantage l'accent sur les changements qui faisaient déjà l'objet d'un consensus et qui touchaient notamment le domaine économique, ce qui nous permettrait d'agir immédiatement et de mettre la table pour d'éventuelles modifications constitutionnelles, quand le moment serait approprié. Entre autres, j'ai souligné qu'il fallait procéder à un rééquilibrage, un nouveau partage des responsabilités, et commencer à le mettre en pratique. J'ai également suggéré à monsieur Chrétien de convoquer une conférence des premiers ministres, en vue d'établir un consensus sur les questions des déficits et de la dette publique, afin qu'ensemble les gouvernements puissent se fixer des objectifs communs. J'ai fait valoir qu'une telle approche aurait l'avantage supplémentaire de donner aux provinces plus récalcitrantes un appui politique à des efforts de rationalisation. Enfin, elle permettrait à la fédération d'évoluer dans son fonctionnement.

Cependant, à ce moment-là, le premier ministre Chrétien avait un mandat référendaire qui, à ses yeux, consistait à faire reconnaître le Québec comme société distincte. C'était ce qu'il avait promis, et il a décidé de faire voter une motion à la Chambre des communes à cet effet, ainsi qu'un projet de loi sur un droit de véto régional, qui s'est compliqué quand la Colombie-Britannique a exigé d'être considérée comme une région à part entière, distincte des provinces de l'Ouest. Au Parlement fédéral, il y a eu un débat sur les engagements référendaires du premier ministre. Je n'avais toujours pas droit de parole à la Chambre. Néanmoins, le moment venu, les libéraux fédéraux ont accepté d'emblée que je participe au débat. Par contre, le Bloc et le Reform s'y sont opposés catégoriquement. J'ai donc ravalé mon orgueuil et je suis allé trouver Michel Gauthier, qui venait de succéder à Lucien Bouchard à la tête du Bloc québécois, pour lui demander s'il accepterait que je participe au débat. Je n'oublierai jamais sa réponse. Il m'a regardé, froidement, et il m'a dit : « T'es qui, toi ? »

Ainsi empêché de participer au débat parlementaire, j'ai compris que je perdais mon temps à la Chambre des communes et je me suis replongé dans mon travail de reconstruction du Parti conservateur. Dans les autres provinces du Canada, la réaction au dénouement référendaire avait été très émotive. Le sentiment de désespoir, même de rancœur à l'endroit des leaders politiques, est demeuré palpable pendant plusieurs mois. Les gens n'acceptaient pas d'être passés si près de perdre le pays et se promettaient surtout de ne pas permettre que cela se reproduise. Il y avait là une réaction viscérale, un cri de désespoir venant du reste du Canada, qui ne voulait pas avoir à revivre une expérience aussi traumatisante que celle du dernier référendum. C'est dans ce contexte qu'a eu lieu le renvoi à la Cour suprême, une initiative à propos de laquelle j'ai, dès le premier jour, exprimé mon désaccord. Les tribunaux en effet ne peuvent pas se substituer à cette volonté commune que j'évoquais plus tôt et qui est le fil conducteur de notre histoire.

La parole aux jeunes

Le lendemain du référendum, je savais que, même après avoir été sous les feux de la rampe pendant plusieurs semaines, j'allais disparaître de nouveau du décor. Cela dit, ma participation au référendum a eu un effet très positif sur mes efforts de reconstruction du Parti conservateur. Pour la première fois depuis longtemps, nos militants et militantes avaient des raisons d'être fiers de notre contribution au débat public, une contribution importante, parce qu'elle représentait une solution de rechange, une autre vision du pays à bâtir. Ainsi galvanisés, nous avons commencé à nous préparer pour les élections fédérales que nous attendions tôt en 1997. Au mois d'août 1996, nous avons tenu un congrès d'orientation à Winnipeg, pour élaborer la base de notre programme politique. Les jeunes conservateurs, qui, comme les jeunes libéraux du Québec, sont bien organisés et fortement représentés au sein du Parti, sont également très militants. Depuis toujours, ils se situent plus à droite que le leadership du Parti. Or, en Ontario, les conservateurs de Mike Harris venaient de se faire élire l'année précédente et proposaient des changements très importants au gouvernement de la province. Leur influence se faisait beaucoup sentir dans le Parti.

À notre congrès d'orientation, il y a eu, venant des jeunes conservateurs, un mouvement très fort en faveur des réductions d'impôts et de taxes. Ce qu'on sentait chez ces jeunes, comme chez leurs congénères au Québec et ailleurs au pays, c'était un cri du cœur. C'est une grave erreur que de tout réduire à des notions simplistes de « droite » et de « gauche ». Ces jeunes-là ne faisaient que constater un malaise important dans notre société, eu égard à la façon dont nous nous gouvernons, aux choix que nous faisons et au fait que nous ne leur faisons pas de place. Ils nous rappelaient que l'État est un acteur important, qui encourage des choix. Surtout dans la perspective des finances publiques, ces jeunes-là se rendaient compte qu'ils allaient être obligés de payer des impôts et des taxes parce que d'autres avant eux avaient pris de mauvaises décisions. Il y a là une injustice qu'on ne peut pas se permettre de balayer sous le tapis. Ils introduisaient dans le débat public un élément nouveau et tout à fait légitime, à savoir la notion d'équité entre les générations. Au congrès d'orientation de Winnipeg, ce sont les jeunes qui ont amené à leur point de vue un nombre suffisant de congressistes pour obliger le Parti à s'engager résolument dans la voie des réductions d'impôt. Pour ma part, j'étais à l'aise avec ce consensus. C'était une conclusion à laquelle j'étais arrivé moi-même, non pas par idéologie mais à cause du constat que je faisais de la situation au Canada.

Ce que je croyais et crois toujours, c'est qu'un gouvernement qui nous prend 50 % de nos revenus va à contre-sens de notre culture économique. Dans une perspective historique, force est de constater que, de tout temps, des gens ont quitté l'Europe et les autres régions du monde pour venir en Amérique du Nord justement parce qu'ils misaient sur une liberté économique qu'ils n'avaient pas trouvée ailleurs. En ce sens-là, les Québécois sont Nord-Américains. Cela veut dire que nous avons des attentes sur le plan économique. Nous croyons, par exemple, que nous avons le droit de travailler, et de travailler aussi fort que nous le voulons. Nous croyons également que nous avons le droit de récolter les fruits de notre travail, et que c'est une ambition parfaitement compatible avec notre souci d'équité sociale. L'une ne contredit pas l'autre. Au Québec, au cours des trente dernières années, les gouvernements, toutes tendances confondues, dans leur effort de rattrapage (qui, par définition, est une exagération) par rapport aux autres juridictions qui les entouraient, ont perdu le sens de la mesure. À tel point que nous sommes aujourd'hui la juridiction la plus taxée en Amérique du Nord.

L'effet net de cette dure réalité, c'est que les gens les plus productifs, les plus ambitieux, vont vivre et travailler ailleurs, investissent ailleurs, payent des taxes ailleurs. C'est une loi implacable du marché, qu'il faut comprendre, qu'il faut surtout accepter et qu'il faut concilier avec nos préoccupations sociales. Cela va exiger de la part des gouvernements un réajustement très important dans la façon d'administrer les finances publiques. Ce constat a aussi des implications par rapport au rôle du gouvernement fédéral. D'ailleurs, il faut savoir que les autres fédérations dans le monde subissent des pressions analogues à celles que nous connaissons au Canada. Aux États-Unis, un débat très similaire est en cours sur le rôle du gouvernement fédéral par rapport aux États, avec comme toile de fond les finances publiques et le fait que les gouvernements par le passé se sont trop endettés et que les gens sont trop taxés. Dans les autres fédérations, nous assistons à une remise en question des rôles des gouvernements et des charges qu'ils ont assumées. C'est une perspective dans laquelle il faut pouvoir prendre de bonnes décisions, à partir d'évaluations qui sont objectives et qui sont justes. À ces questions, le Parti québécois offre la solution simpliste de carrément éliminer un ordre de gouvernement. Pourtant, aux États-Unis par exemple, il y a aussi trois ordres de gouvernement : le gouvernement fédéral, les gouvernements des États et les gouvernements municipaux. Cela n'empêche pas les États-Unis de fonctionner !

L'ajustement qu'on doit faire, c'est dans le rôle de chaque ordre de gouvernement. Il faut réajuster l'attribution des rôles de telle sorte que chaque ordre de gouvernement soit également responsable. C'est là une règle très importante en démocratie. Il faut savoir qui est responsable de quoi, afin que l'électorat sache quel ordre de gouvernement est responsable de quelles décisions, afin de pouvoir lui demander des comptes. La notion de responsabilité, dans la vie personnelle comme en politique, c'est extrêmement important. Les gens qui votent et qui paient des impôts ont le droit de savoir qui prend les décisions et qui fait quoi avec leur argent. La démocratie fonctionne dans la mesure où les responsabilités sont aussi clairement définies que possible. Plus la dimension de responsabilité est importante, et plus on a de chances que nos gouvernements prennent de bonnes décisions. L'autre élément nouveau, c'est qu'il y a de plus en plus de problèmes qui débordent les champs de compétence. Si nous les abordons sous l'aspect strictement légaliste, on ne réussira jamais à les régler. Il faut pouvoir se fixer des objectifs communs et ensuite permettre à chaque ordre de gouvernement, dans ses sphères de compétence, de contribuer à la réalisation de l'objectif, en respectant le rôle de chacun. C'est là l'un des grands défis du fédéralisme pour l'avenir.

C'est dans cet esprit que le programme électoral que nous avions élaboré proposait la formulation d'un nouveau pacte confédératif, basé sur la notion de cogestion et de codécision, qui reflétait cette philosophie que j'épouse et qui vise à se fixer, dans la fédération canadienne, des objectifs communs. Sur la question des réductions d'impôts, nos propositions étaient axées sur un objectif de création d'emploi. Dans une économie moderne, les endroits où il se crée de l'emploi, ce sont ceux où les impôts sont plus bas. C'est vers ces économies-là que convergent les investissements et les gens les plus productifs. Le plus tôt on comprendra cela au Québec, le plus tôt nous serons en mesure de créer de la richesse et de la redistribuer, au lieu de se contenter de partager la pauvreté.

Des décisions difficiles

Nous nous préparions donc pour la campagne que nous sentions approcher. A suivi une période très intense, où je me suis consacré au recrutement des candidats et candidates. Ce n'est pas une tâche facile quand on est à la tête d'un parti de seulement deux députés. C'était encore plus difficile lorsqu'il s'agissait de recruter des femmes. Beaucoup de femmes ne se reconnaissent pas dans les forums politiques. La période des questions, ça ne leur dit rien. Ça ne les fait pas vibrer. Quand j'étais ministre, il m'arrivait de demander à Michou, en rentrant à la maison, si elle avait regardé la période des questions. Sa réponse était rarement enthousiaste.

— Tu as beaucoup aimé ta réplique, aujourd'hui, hein? se bornait-elle à observer.

— Oui, j'ai trouvé qu'elle était bonne…

— Ouais, ironisait-elle, ça paraissait que tu l'aimais beaucoup, ta réplique aujourd'hui.

Inutile de dire que ça me ramenait les deux pieds sur terre. Ce qui ne veut pas dire qu'il faille sous-estimer l'importance du rôle que jouent les parlements en obligeant les gouvernements à un minimum de responsabilité. Cela nous protège contre bien des abus.

Lorsque nous recrutions des candidats et candidates pour les élections, ce que nous recherchions, c'étaient des

personnes équilibrées et bien enracinées dans leur milieu.
Ce que je souhaiterais à n'importe quelle population
comme représentation politique, ce ne sont pas nécessairement les hommes ou les femmes les plus brillants, ni
ceux qui font les meilleurs discours. L'essentiel, c'est de se
rappeler qu'on se fait élire par des gens qui s'attendent à
ce qu'on les représente et à ce qu'on défende leurs intérêts. Il y a quelque chose de très sain à ce qu'un député ait
à cœur de défendre les intérêts de son comté. C'est bon
pour la démocratie.

Dans notre recherche de candidats, nous avons recruté
beaucoup de jeunes, ce qui était très encourageant. Nous
avons presque effacé notre dette. Cependant, notre
véritable défi était de définir les attentes. En effet, compte
tenu du fait que nous étions un parti politique à l'échelle
pancanadienne, il ne nous semblait pas approprié de dire
que notre objectif était de faire élire vingt ou quarante
députés. Pour un parti d'envergure nationale, l'objectif
doit toujours être de remplacer le gouvernement sortant.
Cela a créé des attentes tellement élevées qu'en fin de
compte cela ne nous a pas rendu service. Le problème le
plus important auquel nous avons été confrontés finalement était celui de la masse critique. Même après les
débats, même quand nous avons réussi à capter l'attention
de l'électorat et à faire entendre notre message, quand est
arrivé le moment pour les électeurs de faire leur choix, le
fait demeurait que nous étions un parti politique avec
deux députés. Après les débats des chefs, sentant que nous
avions soudain le vent dans les voiles, nos adversaires ont
exploité ce thème à fond, dans le but de démontrer que
je ne pouvais pas former un gouvernement. « C'est qui,
son équipe ? » disaient-ils. J'avais beau avoir attiré des candidats intègres et prêts à servir leur pays, la masse critique
manquait.

Cependant, l'événement le plus marquant de la campagne fédérale de 1997 demeure pour moi le choix qu'a

fait Preston Manning de délibérément fouetter les sentiments antifrancophones et antiquébécois de la minorité
d'électeurs qui forment le noyau dur du Parti réformiste.
Sa publicité électorale à la télévision exploitait sans
scrupule leur rancœur postréférendaire dans le but de
polariser l'électorat. C'est le pire des pièges dans lequel on
puisse tomber et qu'il faut absolument éviter au Canada,
que celui de l'intransigeance. C'est pourquoi il nous faut
des partis d'envergure nationale qui s'obligent à inclure et
à représenter toutes les régions du pays. L'inverse nous
mène vers une polarisation très néfaste qui se nourrit de
l'ignorance et des préjugés mutuels.

J'ai pris des décisions difficiles pendant cette campagne. Celle, entre autres, de défendre la notion de
société distincte, que nous avions inscrite dans notre
programme. Nous savions très bien que, dans l'ouest du
pays, nous serions la cible du Parti réformiste qui préco-
nisait une stratégie négative à l'américaine, consistant
à trouver un sujet qui soulève la controverse, qui remue
les passions et à l'exploiter sans vergogne. Ce sont des
tactiques qui divisent les gens, mais qui peuvent être
efficaces pour faire basculer des votes supplémentaires
dans votre camp. Par conviction, je ne pouvais pas reculer
devant une telle offensive et il faut dire, à l'honneur
de nos trois cent un candidats et candidates, qu'ils ont
défendu notre position sur la société distincte partout au
pays, en toute connaissance de cause, sachant très bien,
parce que nous étions lucides, que c'était impopulaire.
Cela devait en effet nous coûter cher.

Une autre décision difficile a été celle que j'ai prise
de répondre sans équivoque à la publicité de Manning. Je
l'ai qualifiée d'intolérante, dans le but de secouer l'électorat ontarien qui aurait pu être tenté de voter pour Manning. Je savais que nous n'allions pas en bénéficier, mais
nous avons arrêté le Parti réformiste à la frontière onta-
rienne. Il a perdu le seul siège qu'il avait réussi à obtenir

dans cette province en 1993. Dans l'ouest du pays, nos candidats en ont souffert. C'était à prévoir, et ils l'ont accepté sans réchigner.

La campagne de 1997 a été difficile aussi pour une autre raison. Manning avait annoncé avant les élections qu'il enverrait des militants réformistes à chacune de nos assemblées publiques pour nous harceler, ce qu'il a fait. Partout où nous allions, nous retrouvions des réformistes qui nous chahutaient et tentaient de perturber nos assemblées. Au cours d'un des arrêts de la campagne, les choses ont viré à la violence. Deux personnes se sont retrouvées à l'hôpital, dont une jeune fille, avec une commotion cérébrale. Amélie était avec nous pendant cet épisode, dans un centre commercial en Ontario. Elle était terrifiée.

Une minute !

Les débats des chefs nous ont beaucoup aidés. Encore une fois, ce qui marche, dans un débat télévisé, c'est l'authenticité. Il faut être bien préparé, savoir ce qu'on veut dire, mais surtout être soi-même, être vrai. Il faut aussi écouter attentivement ce que disent nos adversaires, afin de pouvoir répliquer au bon moment. Par exemple, quand Jean Chrétien a dit, au cours du débat en anglais, qu'au chapitre des finances publiques, grâce à son gouvernement, on voyait enfin la lumière au bout du tunnel, spontanément je lui ai lancé : « La lumière que vous voyez, c'est le blanc des yeux de l'électorat ! » Cela dit, la formule des débats a ses limites. Par exemple, on a dû refaire la partie du débat français qui portait sur l'unité nationale parce que l'animatrice, madame Claire Lamarche, avait été prise d'un malaise. Ç'a été un choc pour tout le monde (nous avons été rassurés sur son état un peu plus tard, mais sur le coup nous étions consternés). Au débat de reprise, chaque candidat disposait d'une dizaine de minutes en tout et pour tout, et nous n'avions chacun qu'une minute pour faire notre exposé de fermeture. Je n'oublierai jamais les analyses qui ont suivi. Les commentateurs disaient : « Mon Dieu, ces gens-là n'ont rien à dire ! » La question qu'on nous posait était, à peu de choses près :

« Comment envisagez-vous l'avenir du Canada dans le contexte mondial ? » Bref, réglez-nous les problèmes du monde, vous avez une minute pour le faire et, si vous ne réussissez pas, c'est que vous n'avez rien à dire !

Chez nous, Amélie, Antoine et Alexandra étaient fascinés par les débats. Le lendemain, ils voulaient tout savoir. Je n'oublierai jamais cette image : un matin, alors que je les amenais à l'école, je me suis retourné et j'ai vu les trois enfants, assis en arrière dans la voiture, chacun plongé dans la lecture d'un journal qu'il tenait grand ouvert devant lui. Il est certain que les débats m'avaient permis de marquer des points, ainsi que la réaction de mes adversaires me l'a prouvé au-delà de toute doute. Le problème était que, sur le terrain, nous n'étions pas très bien préparés à gérer notre propre succès. Par la suite, notre campagne s'est essoufflée. Les déclarations du premier ministre Chrétien sur le caractère inacceptable d'un OUI à 50 % plus 1 lors d'un référendum sur la souveraineté ont polarisé le vote au Québec, en même temps que nous frappions le mur de la crédibilité dont je parlais plus tôt.

Le résultat de la campagne a été décevant, compte tenu de nos attentes. Nous avions néanmoins réussi à gagner treize nouveaux comtés dans l'est du pays, un seul en Ontario et cinq comtés au Québec, concentrés dans la région des Cantons de l'Est, en plus de celui de Chicoutimi, notre fleuron, que nous devions à l'excellente campagne d'André Harvey. J'en étais d'autant plus heureux que Michou et moi connaissons bien la région du Saguenay-Lac-Saint-Jean. Michou s'était beaucoup intéressée au projet de réaménagement de la Vieille Pulperie, lors de mon quart de garde au ministère de l'Environnement. Nous aimons les œuvres des artistes, peintres et sculpteurs de cette magnifique région. En tant que ministre, j'avais donné un coup de main au projet de déménagement de la maison du peintre Arthur Villeneuve, un peintre naïf dont la maison tout entière, jusque dans ses moindres recoins, est une œuvre d'art en soi. Dans le Saguenay, nous avions fait un rallye de mille deux cents personnes avec André Harvey, un gars courageux, qui avait beaucoup sacrifié pour revenir en politique, qui avait pris un risque énorme et qui avait gagné. André Harvey est un député de tout premier ordre, le genre de député qu'on souhaite à une population.

Temps de réflexion

L'été de 1997 a été pour moi un temps de réflexion. Plusieurs de mes proches me conseillaient fortement de passer à autre chose. J'avais fait mon devoir, me disaient-ils, envers mon pays et envers mon parti. On me faisait valoir qu'à mon âge, trente-neuf ans, le moment était tout indiqué pour me lancer dans une seconde carrière, et que je pourrais toujours revenir à la politique un jour. Ma famille aussi me disait qu'il était temps de considérer mon avenir. Le soir des élections, Michou et Amélie, dès l'annonce des résultats, étaient venues me voir, émues, et m'avaient demandé de démissionner. Amélie, qui avait alors quatorze ans, n'avait pas mâché ses mots. Elle m'avait dit: «Papa, j'en ai assez. Ce soir, c'est le temps de partir. Tu en as assez fait. Je veux que tu annonces, ce soir, que c'est fini!» Cela m'avait bouleversé. Amélie, comme Michou, s'était beaucoup engagée dans la campagne. En particulier, elle avait repéré des candidates, des femmes d'une grande valeur, qu'elle admirait, à qui elle s'était attachée et dont elle acceptait très mal la défaite. Sa déception était très vive, et elle voulait que je démissionne sur-le-champ. Sa crainte était que, si je laissais passer quelques jours, j'allais être repris par mes responsabilités à un point tel que je ne pourrais plus partir. Ce soir-là, nous avons convenu d'en discuter pendant l'été et de prendre la décision en famille.

Nous sommes allés en vacances en Italie avec les enfants. La première semaine, le sujet est revenu sur le tapis. Nous étions en Toscane. Nous mangions dehors. Michou a lancé la conversation, avec les enfants. «Il faudrait bien, a-t-elle dit, qu'on pense à notre avenir et qu'on prenne des décisions.» Alexandra, notre plus jeune enfant, qui avait à l'époque sept ans, a alors eu une réaction tout à fait inattendue. Voyant que nous allions décider si je restais en politique ou si j'allais faire autre chose, ce qui voudrait peut-être dire déménager, elle s'est écriée: «Je ne veux pas aller vivre ailleurs!» et a fondu en larmes. «Je ne veux pas laisser mes amis! Je ne veux pas aller ailleurs!» répétait-elle à travers ses sanglots. Michou et moi étions épuisés, physiquement et mentalement. Nous n'avions ni l'un ni l'autre envie de nous lancer dans un débat qui allait être aussi intense que celui-là. Nous n'en avons pas reparlé de toutes les vacances. Nous avons visité des églises, des palais, des musées, à Florence, à Lucques, à Pise, à Rome, à Venise. Pour finir, nous avons passé une merveilleuse semaine à Paris. Quand nous sommes rentrés au pays, quatre semaines après notre départ, il n'y avait toujours rien de décidé.

Au retour, il allait falloir préparer le caucus à la rentrée parlementaire. Nous avions beau n'avoir récolté que vingt députés et n'être que le cinquième parti à la Chambre des communes, nous avions quand même fait des pas de géant. Nous avions récupéré notre statut de parti officiel, c'est-à-dire le droit de parole et un budget d'opération. Quant à moi, je n'étais plus seul. Je me retrouvais enfin entouré de collègues, de gens avec qui parler, avec qui partager mes rêves. Maintenant, quand je me levais pour prendre la parole à la Chambre, les bloquistes et les réformistes me huaient, me chahutaient.

C'était bon signe. Sur le plan personnel aussi, je retrouvais une capitale qui m'était redevenue plus amicale.

Au cours de l'automne, Michou et moi avons reparlé de notre avenir. Dans mon entourage, les gens sentaient chez moi un flottement, une hésitation, et me pressaient de prendre une décision définitive, qui nécessairement en entraînerait d'autres. En effet, si je décidais de rester, il fallait songer à consolider mon leadership et, surtout, à poursuivre le travail de reconstruction du Parti conservateur. Il allait aussi falloir m'assurer de faire sentir ma présence au Parlement. En attendant, mes députés eux-mêmes me confiaient, durant nos réunions de caucus, qu'ils sentaient de ma part une hésitation. Quand on est chef de parti, on a une responsabilité envers ses troupes.

Tout cela finalement s'est cristallisé autour de notre décision d'acheter une maison à Ottawa. Notre maison de Hull, que nous habitions depuis douze ans, était devenue trop petite à mesure que notre famille avait grandi. Nous étions heureux de la vie que nous avions. Une de nos grandes réussites, sur le plan personnel et familial, était la stabilité que nous étions parvenus à nous donner. Michou s'était fait un cercle d'amis, des couples de notre âge, qui étaient en dehors de la politique. Nous avons donc décidé d'acheter une maison du côté d'Ottawa pour nous rapprocher de l'école de nos enfants. C'est une décision banale de la vie. On achète une première maison. Elle devient trop petite. Nos enfants sont deux dans la même chambre. On achète une maison un peu plus grande. C'est la maison dans laquelle on s'installe pour longtemps. Finalement, j'ai réuni mes principaux collaborateurs et je leur ai annoncé notre décision de rester.

L'appel

Le 2 mars 1998, avec la décision de Daniel Johnson de se retirer de la vie politique, notre vie a changé du tout au tout. Au moment où il en a fait l'annonce, Michou et moi étions à Toronto, d'où je m'apprêtais à partir pour une tournée de huit jours dans l'Ouest canadien. Nous avons vite mesuré l'impact de la décision de Daniel lorsque les journalistes se sont présentés en grand nombre à un discours que je donnais devant l'Association des agents immobiliers de la région de Toronto. L'intérêt était tel que j'ai été obligé de faire un point de presse cet après-midi-là, à l'hôtel où je résidais, pour dire que je n'avais aucune intention de solliciter le poste qu'avait occupé Daniel Johnson. Ce soir-là, en revenant d'un dîner, Michou et moi avons trouvé mon adjoint qui nous attendait dans le couloir avec un message d'Amélie, demandant que je la rappelle. « Madame, a-t-il précisé à l'intention de Michou, elle a dit qu'elle souhaite avoir un appel de son père, et non de sa mère. » Nous sommes entrés dans la chambre et j'ai appelé à la maison. Amélie a répondu et la première chose qu'elle m'a demandée, c'est si j'appelais sur une ligne « dure » (par opposition à un téléphone cellulaire). Elle voulait savoir si je pouvais parler librement. Je lui ai dit que oui, que j'appelais de l'hôtel. « Bon, a-t-elle poursuivi.

Là, je veux savoir ce qui se passe et je ne veux pas avoir de *spin»*, c'est-à-dire, en jargon politique, la version officielle. Je lui ai raconté ce que je savais. Elle m'a écouté très attentivement et elle a dit: «Bon. Demain matin, avant d'aller à l'école, j'aimerais avoir les journaux et je veux une copie de ton horaire.» Elle avait beau n'avoir que quatorze ans, elle avait suffisamment d'expérience pour savoir qu'en lisant mon horaire elle pourrait décoder à qui je parlais et avoir une idée de la tournure probable que prendraient les événements.

Dès le premier jour, j'avais décliné l'offre d'aller remplacer Daniel Johnson à la direction du Parti libéral du Québec. Cependant, je ne me doutais pas de l'intensité et de l'ampleur des réactions qui allaient se manifester, venant de partout, du Québec surtout mais aussi des autres parties du pays. En particulier, pendant mon séjour dans l'Ouest canadien, ce que j'ai ressenti de façon très intense, c'était que les gens souhaitaient qu'il y ait un leader qui puisse rapprocher les communautés. Il y avait là un point commun avec les nombreux Québécois qui souhaitent la même chose. Quelqu'un qui puisse bâtir des ponts, qui puisse exprimer tout ce qu'il est possible de faire ensemble, à l'intérieur du Canada. Quelqu'un aussi qui soit capable non seulement de définir l'objectif, mais aussi de l'atteindre.

Venant du Québec, c'était un véritable cri du cœur, qui m'arrivait dans des appels téléphoniques, des télégrammes, des lettres, des fax, du courrier électronique. J'appelais au bureau et mes adjoints me disaient qu'ils étaient complètement inondés, qu'ils n'avaient jamais vu ça. Le téléphone ne dérougissait pas, ni au bureau de comté, ni au bureau de la colline parlementaire, ni aux bureaux du Parti, ni au bureau du chef. Ça débordait de partout. J'avais beau dire que prendre la tête du Parti libéral du Québec n'était pas une possibilité que j'envisageais, les gens ne l'acceptaient pas.

Finalement, au bout de huit jours, je suis revenu à Ottawa. Les enfants avaient très hâte de me voir. Nous avons dîné ensemble, toute la famille. Je leur ai annoncé que, le lendemain matin, il y avait une réunion du caucus et que j'allais, avec mes députés, annoncer que je réfléchirais à l'invitation qui m'était faite de prendre la direction du Parti libéral du Québec. C'est Alexandra, encore une fois, qui a donné le ton. Elle s'est mise à pleurer, et elle est allée en dessous de la table. Ç'a duré une dizaine de minutes. Je me vois encore, debout, penché sur le coin de la table, en train de lui demander de revenir s'asseoir.

— Alexandra, on ne peut pas se parler si tu es en dessous de la table.

— Non ! Je ne veux pas sortir ! On ne s'en va pas ! On reste ici !

Ensuite, il y a eu de longues minutes où j'ai tenté de l'amadouer, en lui parlant doucement. Elle ne répondait pas. Elle refusait de sortir. Ça, j'avoue que ça m'a donné un coup. Cependant, dès le lendemain, avec cette faculté d'adaptation extraordinaire qu'ont les enfants, Alexandra est venue me trouver pour me dire : « Ne t'en fais pas, papa, ça va aller. Je ne pleurerai plus. » Quant à Antoine, fidèle à son optimisme habituel, la possibilité de quitter Ottawa ne l'inquiétait pas outre mesure, d'autant plus que lui et ses sœurs sont très proches de leurs cousines, qui ont le même âge et habitent Montréal.

Néanmoins, la décision que j'avais à prendre était déchirante. J'allais devoir quitter mes nouveaux députés, que j'avais personnellement recrutés ; Elsie Wayne qui avait si courageusement partagé avec moi la traversée du désert ; tous les militants et les militantes, d'un bout à l'autre du pays, qui avaient continué, envers et contre tout, même pendant les années les plus difficiles, à croire en la vision que nous proposions pour le pays ; les sénateurs qui m'avaient si bien épaulé quand j'avais eu besoin de leurs conseils ou de leur aide ; le Parlement, enfin, où j'avais

passé quatorze années si mouvementées et si enrichis-
santes à tant d'égards. Cependant, après avoir mûrement
réfléchi, j'ai décidé de répondre à l'appel.

Les défis du Québec

La Révolution tranquille a marqué le début d'une période intensive de modernisation pour le Québec. Les trente dernières années ont vu la création de nouvelles institutions qui ont permis à notre société de prendre sa place en Amérique du Nord. Cependant, il ne faut pas être victimes de notre succès, et être tellement attachés aux formules qui nous ont permis de passer d'une étape à l'autre qu'on en perd tout sens critique. Il est temps de réexaminer les solutions qui ont fonctionné dans le passé et de nous demander si elles sont encore les meilleures pour l'avenir. Car les trente prochaines années devront être celles que nous consacrerons à l'épanouissement des citoyens. Nous en avons assez fait pour la gloire de l'État. Désormais, pour permettre aux individus de prospérer, il faudra tout mettre en œuvre pour que les Québécois puissent jouir du même niveau de vie que leurs voisins dans l'ensemble de l'Amérique du Nord. C'est d'ailleurs une condition essentielle pour que nous puissions maintenir nos institutions, promouvoir notre langue et bâtir nos communautés. Nous avons l'avantage d'avoir une langue et une culture qui nous distinguent, qui nous éclairent et qui nous solidarisent. Or, cette différence est significative dans la mesure où elle facilite la réussite des Québécois.

Pour assurer cette réussite, les leaders politiques du Québec doivent avoir les mains libres et les coudées franches. Le premier ministre du Québec ne doit pas être constamment entravé dans ses perspectives parce qu'une option politique limite ses choix. Pour bâtir le Québec, il nous faut d'abord retrouver la liberté d'envisager l'avenir sans œillères.

Autonomie et solidarité

Il m'a toujours semblé que le rôle le plus important que peuvent jouer les hommes et les femmes qui sont en politique, c'est de rallier la population autour d'un certain nombre d'objectifs et de valeurs. Le leadership est la capacité non seulement de comprendre et de traduire la réalité telle qu'elle est, mais aussi d'aller au-delà, de définir et de décrire, à partir d'où nous sommes aujourd'hui, une destination à atteindre, un avenir à bâtir ensemble. Le défi est de taille, parce que cette destination, cet avenir, se situent au-delà de l'horizon.

Dans mon cas, si je retourne à mon enfance et au sens de la vie que ma mère et mon père m'ont transmis, j'ai été élevé dans la conviction que notre vie personnelle est intimement liée à celle des gens qui nous entourent. Aux yeux de mes parents, le succès individuel, c'était important et souhaitable, mais cela n'avait de véritable signification que dans la mesure où la collectivité autour de nous pouvait progresser également. C'est avec ce souvenir, et dans cette perspective-là, que j'aborde la vie politique.

La réussite d'une société, c'est aussi sa capacité de reconnaître qu'il y a des gens autour de nous qui vivent des difficultés. La vraie mesure de notre réussite est notre capacité d'inclure les plus fragiles, les plus vulnérables, c'est-à-dire les démunis, les jeunes, les gens âgés et les malades, dans notre recherche de solutions. Il faut pouvoir le faire sans pour autant tomber dans le piège du discours misérabiliste. Chaque génération a ses problèmes, ses défis. On ne gagne rien à les exagérer ni à s'apitoyer sur son sort. Il s'agit plutôt d'analyser lucidement les besoins qui existent, de fixer des objectifs et ensuite de tout mettre en œuvre pour qu'ensemble nous puissions les atteindre.

Le défi de l'éducation

L'éducation doit être pour nous une priorité absolue. Replaçons d'abord l'enjeu dans son contexte social. L'expansion et l'explosion des savoirs posent un défi particulier à notre système d'éducation. Les travailleurs et travailleuses d'aujourd'hui et de demain ont plus que jamais besoin d'une formation générale pouvant leur permettre de faire face à des problèmes de plus en plus complexes, dans un environnement où les changements se font en cascade et de façon accélérée. Un emploi à vie n'existe plus. Notre système d'éducation doit donc s'assurer que nos enfants reçoivent une solide formation générale qui leur permettra de faire face aux changements avec sérénité et flexibilité. L'explosion des savoirs a entraîné avec elle le développement technologique. Ce développement a coïncidé avec la mondialisation et la libéralisation des échanges, la mobilité accrue du capital et de la main-d'œuvre. Cette situation est en fait une chance pour nos enfants, à la condition que notre système d'éducation les y prépare adéquatement. Un système d'éducation de grande qualité qui met l'accent sur la réussite et qui permet un meilleur arrimage entre l'école et les exigences nouvelles du marché du travail est le meilleur gage de la réussite du Québec dans ce nouvel environnement.

Je fais un constat assez dur de nos programmes de soutien du revenu, d'assurance-emploi et d'aide sociale. Trop souvent, ces programmes ne font que confirmer un échec. Ils stigmatisent, ils marginalisent. Une révision s'impose. Il faut changer la philosophie et l'approche des gouvernements, afin de permettre aux particuliers de se relancer. Cela voudra dire recentrer ces programmes sur des valeurs, comme le travail, l'autonomie et la contribution à la société. Il faudra débloquer davantage de ressources et d'argent pour permettre aux jeunes de participer à la société et d'y trouver leur place, en les intégrant soit à l'école, soit à un programme de formation, soit au marché du travail, soit à un travail communautaire.

Dans ce domaine, il faut à tout prix éviter les formules simplistes. Trop souvent, dès qu'on parle de responsabilisation des individus, on est soupçonné de vouloir, à mots couverts, introduire un système où l'on obligerait les gens à des travaux forcés pour avoir droit à l'aide sociale. Rien n'est plus faux. Je parle au contraire d'un effort très important de toute la société, un effort de longue haleine auquel tout le monde doit contribuer. Dans le cas qui nous occupe, le secteur privé, les chambres de commerce, les municipalités doivent prendre leurs responsabilités. C'est dans notre intérêt à tous. Chacun doit se sentir investi d'une mission et d'une responsabilité à l'égard de tous nos enfants.

Fini le gâchis

Sur le plan économique, il est évident que les gouvernements de toutes tendances confondues, depuis les trente dernières années, en voulant de bonne foi régler des problèmes, ont multiplié les initiatives jusqu'à occuper une place démesurée dans notre économie. C'est un constat universel maintenant, que même les gouvernements les plus sociaux-démocrates ont été obligés d'accepter, en tirant leurs conclusions de l'état de nos finances publiques. Le plus triste, c'est que cela révèle un échec de leadership. En voulant faire des initiatives spécifiques, on a perdu de vue l'intérêt général. Et là, il y a du blâme pour tout le monde. Tous les partis politiques qui ont formé des gouvernements à une certaine époque se sont laissés entraîner dans les mêmes exagérations. On doit en tirer des leçons pour l'avenir.

Cependant, il ne faut pas tomber dans l'excès contraire, à savoir les tristes politiques du régime péquiste des dernières années. N'ayant rien fait pour redresser la situation financière du Québec pendant sa première année au pouvoir, parce qu'il avait besoin de financer son projet référendaire, le PQ s'est subitement réveillé devant un problème qui s'était aggravé, et il a paniqué. En voulant rectifier le tir, il a tout cassé et s'est permis de faire un tel carnage dans notre système de soins de santé qu'on en vient par moments à se demander s'il n'a pas perdu la tête. Pour dire à quel point c'est honteux, on s'est permis d'en arriver à un point où l'on impose à des médecins le rôle odieux de dire à leurs patients, des gens malades et vulnérables, qu'il va falloir retarder leur traitement ou qu'on ne peut pas leur offrir les soins auxquels ils ont droit. Tout ça parce que leur gouvernement tient à tout prix à équilibrer son budget avant telle date, afin de créer des conditions gagnantes pour un énième référendum sur la séparation. C'est impardonnable, d'autant plus que c'est une supercherie. Le prétendu déficit zéro de Lucien Bouchard et de Bernard Landry est en vérité un déficit camouflé, falsifié, truqué. C'est ainsi que, depuis le référendum de 1995, ils ont cyniquement forcé les hôpitaux et les universités à assumer des déficits d'opération écrasants (500 millions et 300 millions de dollars respectivement), sans parler des cégeps dont les dettes ont augmenté de 100 millions de dollars. Aux municipalités et aux commissions scolaires, ce gouvernement a refilé pour 1,3 milliard et 508 millions de factures respectivement, leur imposant ainsi l'odieuse tâche de réduire les services et d'augmenter les taxes de la population pour pouvoir respecter leurs budgets. Quand on ajoute à cela les compressions péquistes dans les domaines de la santé (2,1 milliards) et de l'éducation (1,4 milliard), on s'aperçoit que le zéro qui apparaîtra comme par magie sur les livres de Bernard Landry cache en réalité un gigantesque déficit humain. Sur le plan économique, sur le plan social, sur le plan de la santé, sur le plan de l'éducation, le régime péquiste a carrément sacrifié les intérêts des citoyens et citoyennes du Québec à ceux de son parti et de son option. En aucun temps, le régime péquiste ne s'est préoccupé de la qualité des services publics.

Mettre l'État au service du citoyen

Il faut enfin permettre au citoyen de prendre sa place au centre des préoccupations du gouvernement, tout en obligeant l'État dirigiste d'autrefois à se faire moins envahissant. L'État doit continuer à protéger l'environnement, la santé publique, à promouvoir l'éducation et la formation de la population, mais il n'a pas besoin d'intervenir massivement dans l'économie avec des fonds de capitaux de risque comme il le fait actuellement, alors que le marché en a amplement. L'État n'a pas non plus besoin de dire aux régions du Québec comment elles doivent se développer. Il y a une mentalité de tutelle, au sein du régime péquiste, qui est paternaliste et malsaine. Les populations des régions sont tout à fait capables d'organiser et d'assurer leur propre développement social et économique. L'État doit accompagner et non pas diriger. Le développement économique accru des régions permettra de colmater ou, à tout le moins, de réduire de façon substantielle l'exode des jeunes vers les grands centres urbains.

Qu'on le veuille ou non, en toile de fond de toutes nos décisions, on doit accepter le fait que nous vivons dans une économie nord-américaine, où nous sommes en compétition avec des voisins qui ont des impôts et des taxes moins élevés que les nôtres. À cet égard, un des symptômes très inquiétants de nos problèmes économiques au Québec, c'est l'exode des cerveaux. Dans le domaine névralgique de la santé, au cours des deux dernières années, la métropole à elle seule a perdu 26 orthopédistes sur 243 ; 6 chirurgiens cardiovasculaires sur 119 ; 12 cardiologues sur 313 ; 4 rhumatologues sur 65 ; 5 pathologistes sur 115. Ces départs, cependant, ne représentent que la pointe de l'iceberg. On ne compte plus les familles dont les enfants, parmi les plus brillants de la génération montante, quittent le Québec pour d'autres cieux. Ajoutez à cela le fait que, dans certains États américains, il y a une surchauffe dans des secteurs d'emploi névralgiques. Les impôts y sont plus bas, les salaires plus élevés. Le coût de la vie est moindre. Un jeune de vingt-quatre ans n'a pas besoin d'avoir un doctorat en économie pour conclure qu'il peut aller faire sa vie ailleurs et non seulement gagner davantage d'argent, mais en garder une plus grande part dans ses poches, ce qui est tout à fait légitime. C'est ce qui fait fonctionner une économie. On ne doit pas non plus y voir une contradiction avec nos responsabilités sociales, au contraire. Une économie qui fonctionne a les moyens de financer davantage de services offerts à la population.

Le défi démographique

L'État doit se recentrer sur ses responsabilités de base, à savoir l'éducation, la santé et l'arrimage de notre économie au contexte nord-américain. Or, ce qui est absent du débat public actuellement au Québec, c'est une reconnaissance de la réalité démographique. Nous allons vivre dans les quinze prochaines années un changement démographique sans précédent dans l'histoire, dont les conséquences dépendront de notre capacité de nous y préparer dès aujourd'hui. Prenons mon propre cas. J'ai quarante ans. Dans vingt-cinq ans, j'en aurai soixante-cinq. Un

Québécois sur quatre aura alors soixante-cinq ans. Cela représente un formidable défi pour l'avenir de notre système de santé, de nos pensions de vieillesse, de la dette publique, pour nous et pour ceux qui vont payer la note. À tout le moins, il me semble évident que nous avons tout intérêt à faire réussir les gens qui sont derrière nous. On ne peut pas se permettre d'en échapper beaucoup. Le temps presse.

Nous avons une dizaine d'années devant nous pour bien faire ces choix-là. Entre-temps, il va falloir bien expliquer les enjeux à l'électorat afin d'être en mesure de prendre les bonnes décisions aujourd'hui, qui permettront au Québec dans quinze, vingt, vingt-cinq ans d'ici, d'offrir à sa population le niveau de vie et les services auxquels elle s'attend. Il faut par conséquent pouvoir planifier tout cela à tête reposée, et non dans la tourmente d'un équilibre budgétaire à atteindre à tout prix. Cela exige des politiques qui permettent une croissance économique soutenue, dans l'acceptation du fait que nous vivons dans une économie nord-américaine, et que c'est dans ce contexte que les décisions d'investissement se prennent.

Tirer parti du partenariat canadien

Personnellement, s'il y a une chose qui me frustre, c'est la mentalité qui existe dans certains milieux, voulant que nous soyons les serviteurs de nos institutions politiques. J'entends par là tous ceux qui sont obsédés par les structures constitutionnelles de compétence. On ne naît pas pour être les serviteurs de la Constitution canadienne, pour être limités dans nos perspectives par des structures. Dans un contexte fédéral où la question de l'économie, de l'emploi, de l'environnement dépasse les domaines de compétence, nous devons cesser de nous éparpiller dans des débats stériles et, à partir des objectifs que nous nous fixons, faire fonctionner le système fédéral de façon à atteindre ces objectifs. Par exemple, il faut que le régime d'assurance-emploi au Canada soit assez souple pour être compatible, dans son administration et ses politiques, avec les objectifs que nous nous fixerons en matière d'éducation.

Nous ne sommes plus en 1950. Nous arrivons à l'an 2000. Depuis trop longtemps, nos dirigeants traitent leurs domaines de compétence respectifs comme des carrés de sable qui leur appartiennent. Cela a trop souvent mené à d'interminables disputes qui se font sur le dos des contribuables. Ce n'est pas vrai que l'assurance-emploi, parce que c'est un domaine de compétence fédérale, ne peut pas être modifiée de façon à être compatible avec les objectifs que se fixe le gouvernement du Québec sur le plan de l'éducation et de la formation. Je veux être bien clair. L'assurance-emploi est une compétence fédérale qui doit être mise au service des objectifs que se fixeront les Québécois en matière d'éducation et de formation. L'État québécois ne pourra qu'y gagner. On ne perdra rien, en termes d'influence, en termes de pouvoir, mais on y gagnera en termes de moyens. Là, on parle de choses qui ont un véritable impact sur la vie des gens, et des jeunes surtout, et non sur le résultat du prochain colloque sur l'avenir de nos institutions fédérales. Il va sans dire qu'une telle approche exigera des changements de mentalité.

Le défi pour l'État canadien

Nous entrons dans une nouvelle ère au Canada, où les administrations publiques provinciales ont acquis un degré d'autonomie dont elles ne jouissaient pas auparavant. Cela représente un changement considérable. Après la Seconde Guerre mondiale, la population canadienne souhaitait la mise en place d'un certain nombre de programmes sociaux, auxquels elle tient toujours. L'État

fédéral avait deux avantages. D'abord l'avantage financier :
il avait la masse critique budgétaire suffisante pour pouvoir répondre à l'appel. Il bénéficiait en outre d'une fonction publique capable de concevoir et de mettre en œuvre
ces programmes, ce que les administrations provinciales, à
l'exception de l'Ontario et du Québec, n'avaient pas. Ce
qui a changé depuis ce temps-là, c'est que les administrations publiques provinciales ont gagné en taille, en
compétence, en expertise. Aujourd'hui, elles sont mieux
habilitées que l'État fédéral à concevoir des services et à
les livrer à leurs populations. Il s'agit simplement d'en
faire le constat.

Certains au Canada pensent encore que seul l'État
fédéral peut être le promoteur des programmes sociaux.
Ils se trompent. Ils sous-estiment les valeurs communes
auxquelles toute la population canadienne tient profondément. Un aspect de notre système politique fédéral
actuel qui a besoin d'être corrigé, c'est la notion de responsabilité, qui n'est pas suffisamment rattachée à celui
qui prend les décisions. L'État fédéral a ainsi pu, ces dernières années, faire des compressions dans les transferts
aux provinces sans en être tenu réellement pour responsable, ce qui a pour le moins brouillé les cartes. Il faut faire
en sorte que la notion de responsabilité soit clairement
reconnue et que les responsabilités de chacun soient
mieux définies.

Ce que j'envisage à l'avenir, et l'objectif pour lequel je
travaillerai sans relâche, de concert avec les autres leaders
politiques du pays, c'est la mise sur pied de mécanismes de
cogestion et de codécision, dans les domaines où les deux
ordres de gouvernement ont un rôle utile et complé-
mentaire à jouer. Le gouvernement fédéral devra prendre
acte du fait que les administrations publiques provinciales
sont capables d'assumer leurs responsabilités. Cela néces-
site une forme plus collégiale de fédéralisme, qui reflète
nos valeurs communes, qui reflète le fait que le Canada est

une des plus vieilles démocraties du monde. Le Canada a été parmi les premiers pays à s'engager dans la voie de la responsabilité ministérielle, avec Baldwin et Lafontaine. Il n'en tient qu'à nous d'être les premiers à nous engager sur une nouvelle piste de fédéralisme, à nous engager dans de nouvelles façons de nous gouverner qui tiennent compte de la réalité moderne. C'est là que se situent aujourd'hui les nouveaux intérêts du Québec.

Lever l'hypothèque référendaire

Au Québec, nous avons un obstacle supplémentaire. Il est de taille. C'est le blocage systématique de tout progrès véritable causé par l'aveuglement idéologique d'un régime périmé qui subordonne à son objectif référendaire les vraies priorités des citoyens. Nous souffrons d'un retard important par rapport à nos voisins, parce que nous sommes gouvernés par des gens sans imagination, qui ne cherchent qu'à régler les comptes d'un autre siècle et dont la vision d'avenir pour le Québec est complètement coupée de la réalité. Premièrement, l'option qui les obsède est en porte-à-faux avec ce que souhaitent la majorité des Québécois. La majorité des électeurs, y compris les électeurs francophones, sont attachés au Canada et reconnaissent d'emblée la valeur de ce que nous avons bâti ensemble. Le problème du mouvement souverainiste au Québec, c'est qu'il est basé sur le ressentiment, qu'il se limite à blâmer le reste du Canada pour tout ce qui, selon lui, ne fonctionne pas au Québec. C'est un mouvement qui est vide de projet et qui, à ce jour, est toujours incapable de nous dire quel avantage nous aurions à nous séparer du Canada. Nous séparer pour qui? Et pour faire quoi?

Malgré les promesses de Lucien Bouchard, après le référendum, d'étoffer la notion de partenariat, d'expliquer ce que ce serait, nous sommes aujourd'hui à quelques mois ou à quelques semaines d'une élection générale au Québec où l'on va encore avoir à décider si on veut un autre référendum, et on ne sait toujours pas de quoi il s'agit. La raison en est fort simple. C'est que le partenariat, nous l'avons déjà et que, au lieu de nous ingénier à le briser pour ensuite tenter d'en refaire un autre, dans une atmosphère survoltée, au terme de négociations dont les résultats sont imprévisibles, nous devrions mettre toute notre énergie à le faire fonctionner correctement. Tant que nous accepterons d'être gouvernés par ces gens d'une autre époque, toute l'énergie que nous devrions consacrer à bâtir notre économie, à poursuivre un idéal plus grand, sera détournée, perdue. Pendant que le gouvernement Parizeau inventait toutes sortes de structures pour faire de la propagande souverainiste dans la population, personne ne s'occupait des vrais problèmes. Pendant qu'il affectait des équipes entières de hauts fonctionnaires à se préparer à gérer les contrecoups économiques au lendemain d'un OUI, ou encore à décider où, dans la future capitale d'un Québec indépendant, seraient construites les ambassades étrangères, le redressement des finances publiques était mis sur la glace pour ne pas indisposer les électeurs avant le référendum. Pendant que Lucien Bouchard s'affaire à infliger aux Québécois les prétendues conditions gagnantes pour un prochain référendum, le Québec continue de se fractionner et de s'affaiblir. L'incertitude politique se double maintenant de flou artistique. Quelles seraient ces conditions gagnantes? On se garde bien de nous le dire, et notre avenir à cause de cela est doublement incertain.

Pour que le Québec réussisse, il faut que le gouvernement québécois veuille travailler dans un contexte nord-américain et canadien. Cela va exiger un changement d'attitude de notre part vers la fermeté et la concertation. Lucien Bouchard, quand il parle aux autres premiers ministres provinciaux, peut bien faire semblant de vouloir des fiançailles comme il l'a fait à une récente conférence à Saskatoon. Sauf que tout le monde autour de la table sait qu'il n'y aura jamais de mariage. Comme premier ministre du Québec, je veux, quand les circonstances le justifient, pouvoir mettre le poing sur la table sans être soupçonné de pratiquer la politique du pire et de faire de la provocation dans le seul but de prouver le bien-fondé de ma thèse sécessionniste aux yeux de mon électorat québécois. Il faut que le premier ministre du Québec puisse avoir les mains libres pour exprimer et avancer les mandats qu'il a reçus des Québécois et des Québécoises, sans que ses partenaires remettent chaque fois en cause sa bonne foi. La croissance et la réussite, voilà nos véritables défis. L'autre effet pervers d'un régime péquiste à Québec, c'est que le gouvernement fédéral se croit tout permis. Dès qu'il y a un désaccord, sachant que l'objectif avoué de ses vis-à-vis québécois est de faire éclater la fédération plutôt que de l'améliorer, le fédéral a beau jeu de se croiser les bras. Un gouvernement fédéral ne s'esquivera pas aussi facilement dès lors qu'il trouvera devant lui un gouvernement libéral à Québec. La discussion va être franche. On va enfin pouvoir vivre avec maturité nos débats politiques, sans remettre en question l'existence même du Canada chaque fois qu'il y aura des divergences de vue. Et là ne nous faisons pas d'illusions. Il y en aura, et c'est tant mieux. Le jour où l'on commencera à penser pareil, tout le monde, c'est le jour où je commencerai à m'inquiéter. Nous sommes au Canada, pas en ancienne Union soviétique.

Sortir des ornières du passé

Ce qu'il y a d'absurde dans le débat actuel, ce qui est dérangeant, du côté souverainiste, c'est de réduire notre histoire et notre avenir aux seuls épisodes de notre débat constitutionnel. Le rapatriement de la Constitution canadienne en 1982 ne s'est pas fait comme il aurait dû. C'est l'échec des hommes et des femmes politiques de cette génération-là. Il faut accepter que l'échec de Meech, ce n'était pas celui du Canada ni du Québec. C'était l'échec des hommes et des femmes qui, de bonne foi, à cette époque-là, ont proposé Meech. Ça n'a pas marché. Cessons de chercher des coupables. Mais laissons l'échec là où il doit être, c'est-à-dire à leur porte, à eux. Il faut comprendre notre histoire. Revenons aux fondements mêmes de ce qu'on a créé au Canada. On a eu assez de sagesse dès le départ pour comprendre qu'on n'allait pas, nous, francophones, pouvoir survivre sur le plan de la langue et de la culture en Amérique du Nord, si on ne s'entendait pas avec les Britanniques qui prenaient possession de l'Amérique du Nord, abandonnée par la France lors du traité de Paris. De leur côté, les Britanniques ont été assez sages pour comprendre qu'ils n'avaient aucune chance de préserver ce territoire, compte tenu des ambitions des Américains, s'ils ne concluaient pas une entente avec les soixante mille francophones qui habitaient ce coin-là du continent. Aujourd'hui, nous sommes plus de six millions et demi de francophones, rien qu'au Québec. Sept millions et demi en comptant les francophones des autres provinces. Le quart de la population canadienne. Et les souverainistes prétendent qu'il faudrait tout abandonner et se séparer. Ça n'a pas de sens.

Le partenariat canadien nous a bien servis. Notre génie collectif a été de l'amplifier, de l'étendre, d'abord en dépassant les limites imposées par l'Acte d'Union, ensuite par la Confédération, qui créait quatre provinces et un gouvernement fédéral. La fédération a grandi à mesure que s'y sont jointes plusieurs autres provinces, à tel point qu'en 1999 elle comptera, en plus du gouvernement canadien, dix gouvernements provinciaux et trois gouvernements territoriaux. À chaque étape de notre histoire, avec chaque génération de leaders, ce partenariat politique a évolué, pour devenir un partenariat économique et social basé sur des valeurs communes. Il faut continuer à bâtir ce partenariat. Il faut maintenant pouvoir y inclure les peuples autochtones qui en ont été exclus jusqu'ici. Nous ne sommes pas les seuls à être confrontés au défi de construire une nouvelle relation avec les peuples autochtones. L'Amérique latine, le Mexique, les États-Unis, la Nouvelle-Zélande, l'Australie sont dans la même situation. C'est un des enjeux du prochain siècle, qui va mettre à l'épreuve nos valeurs, qui va nous tester. À cela s'ajoute, comme Québécois, notre capacité de comprendre et de nous solidariser avec les gens de l'ouest du Canada, qui ont également des revendications légitimes.

Rebâtir les ponts

Ce qui, à l'avenir, sera important pour nous, c'est notre capacité d'assumer notre identité. Un des défis du Canada tout entier sera sa capacité de s'assurer que notre constitution reflète ce que nous sommes, et que nous nous reconnaissions dans le document qui nous décrit. Une constitution est un miroir de nous-mêmes. Or, quand on juxtapose la question autochtone à celle du Québec, on se rend compte qu'il y a une similarité en termes de ce qui manque, dans ce portrait. L'avantage de la clause de société distincte pour les Québécois, qui n'avait pas été bien compris ailleurs, était qu'elle aurait joué le rôle d'un pont, sur le plan identitaire. C'était une façon d'exprimer formellement l'identité québécoise à l'intérieur d'une citoyenneté canadienne. Quand le pont s'est écroulé, l'onde de choc a eu un impact brutal sur le ton et le contenu du débat politique. La solution pourtant n'est pas de baisser les bras et de nous retirer dans nos terres. La solution, c'est plutôt d'apprendre des erreurs passées et de bâtir un meilleur pont, plus solide, en tenant compte des accidents de terrain des deux côtés de la rivière.

Il faut trouver une façon de mieux dire qui nous sommes. Cela dit, nous n'avons de permission à demander à personne pour être ce que nous sommes. Il ne faut pas tomber dans l'erreur de penser que nos structures politiques peuvent se substituer à notre volonté commune, comme Québécois, de concert avec les autres Canadiens, de continuer à vivre ensemble et à partager le même destin. Une constitution doit exprimer cette volonté, non pas en tenir lieu. Au-delà de la langue, de la culture, du territoire, ce qui constitue un pays c'est une histoire commune, des expériences communes, des valeurs communes et une volonté sans cesse renouvelée de vivre ensemble. Cela ne s'écrit pas, cela ne se commande pas. Cela se vit. Cette volonté existe aujourd'hui. Elle reflète nos valeurs, des valeurs qui nous permettent de vivre dans un pays qui est différent de tous les autres. Ce pays que nous avons construit, il ne pourrait pas exister sans le Québec. Il est temps de reprendre le travail, trop longtemps interrompu, avec nos partenaires. Le Québec ne peut plus se permettre de faire bande à part, ni par rapport à l'économie nord-américaine, ni par rapport aux changements en cours dans le reste de la fédération, qui touchent nos intérêts. Nous devons au contraire participer activement à ces discussions, dans un esprit constructif, pour que les décisions qui s'y prendront reflètent nos besoins ainsi que les objectifs que nous nous fixerons, pour le plus grand bien des Québécois et des Québécoises, aujourd'hui et à l'avenir.

J'ai choisi le Québec

Nous allons bientôt quitter North Hatley pour emménager à Montréal. Les dernières semaines ont été mouvementées. Quatre adresses en autant de mois, cela bouscule une famille. Nous avons passé le mois de juillet chez nous dans les Cantons de l'Est. Les enfants ont retrouvé leurs cousines et leurs amis dans le village. Amélie a maintenant quinze ans. Elle nous parle déjà des voyages qu'elle entend faire, des études qu'elle envisage et du jour où elle et sa cousine partageront un appartement – moment éprouvant dans la vie d'un père. Antoine, à dix ans, est à l'âge magique où les fils adorent leur mère. C'est un enfant curieux, drôle, plein de projets, et davantage fasciné par les ordinateurs que par les devoirs pour le moment. Alexandra, notre cadette, qui n'a que huit ans, ne craint pas de s'affirmer pour prendre sa place. Elle aussi est pleine d'enthousiasme face à l'avenir et n'a qu'une hâte : avoir dix ans ! Quant à Michou, à travers tous les bouleversements des derniers mois, elle a, encore une fois, accepté de partager mes choix, ce qui a exigé de sa part beaucoup d'amour, et une constance hors du commun. Nous venons de passer de précieux moments ensemble, avec nos enfants, avec nos familles respectives, avant une année qui sera chargée et exigeante.

J'ai profité de ces quelques semaines de relâche pour réunir autour de moi plusieurs groupes de travail, formés d'experts et de collaborateurs de partout au Québec, qui m'ont aidé à approfondir ma connaissance des dossiers proprement québécois. Accepter de diriger un parti ne veut pas dire que l'on connaît d'avance toutes les réponses. Il faut s'informer, apprendre, se préparer. Il faut débattre des choix auxquels l'État québécois est confronté, dans le domaine de la santé, de l'éducation, de la fiscalité, entre autres, et ce, toujours dans la perspective d'une croissance économique soutenue. Nous avons ainsi préparé avec beaucoup de rigueur la rentrée de l'automne. Rien que dans le domaine de la santé, l'échec du régime péquiste est accablant. Nous avons l'obligation de nous préparer dès maintenant à pouvoir agir le plus rapidement possible après les élections, pour pouvoir redonner à nos concitoyens les services de santé auxquels ils ont droit. Nous n'avons pas le droit de faire des promesses en l'air. Nos engagements seront fermes, clairs, et, surtout, nous voulons être en mesure de les atteindre rapidement.

Ces quelques semaines de calme m'ont aussi permis d'écrire ce livre, qui n'est pas aussi complet qu'il aurait pu l'être, car le temps m'a manqué. Il ne rend pas non plus justice à tous ceux et celles qui m'ont accompagné pendant presque quinze ans de vie politique, qui, dans l'ombre, chacun à sa façon, se sont dévoués pour me seconder et m'appuyer. Ils savent ce que je leur dois, et moi aussi. Cependant, avant de terminer, j'aimerais résumer en quelques mots l'essentiel de ce que j'entrevois pour nous, pour notre société et l'avenir de nos enfants.

Au printemps dernier, j'avais une décision à prendre. J'ai choisi le Québec parce que je suis Québécois. Parce que je suis né ici. Parce que mes racines sont ici. Parce que j'y vis depuis toujours. J'ai choisi le Québec parce que j'ai quarante ans et que je n'en peux plus de nous voir tourner en rond depuis presque toute ma vie. Parce qu'il est temps de nous libérer des vieux dogmes, des vieux discours, des vieilles chicanes, qui freinent l'essor du Québec.

J'ai choisi le Québec parce que je crois que je peux jouer un rôle utile pour aider les Québécois à prospérer et à se réaliser. J'ai décidé de rejoindre le très grand nombre de ceux et celles qui, comme moi, ont de grandes ambitions pour le Québec, des ambitions qui débordent le débat qu'on connaît depuis vingt ans. Nos intérêts ne sont pas bien servis actuellement. Nous avons un gouvernement qui continue de placer l'impératif de la séparation au-dessus des véritables intérêts des citoyens, de diviser la population, de détourner ses énergies et notre argent dans la poursuite d'un objectif que les Québécois ont rejeté majoritairement deux fois en quinze ans. Il est temps de tourner la page, de nous mettre au travail pour bâtir ensemble quelque chose de grand. Nous pouvons faire beaucoup mieux que ce que nous faisons actuellement. Quand j'écoute les discours de Lucien Bouchard ou de Bernard Landry, qui se déclarent satisfaits, et même se félicitent, de la situation que nous connaissons en ce moment, je n'en crois pas mes oreilles. Ce n'est pas possible. Ils ne voient pas ce qui se passe autour de nous. Une seule statistique résume tout ce qu'on doit savoir : le Québec, dans les vingt dernières années, a perdu environ quatre cent mille personnes. C'est signe qu'il y a chez nous un malaise profond. Quatre cent mille personnes, c'est plus que la population de la ville de Laval, la deuxième ville en importance au Québec. Tous ces gens-là ont plié bagage et sont partis. Il y a une raison à ça. C'est la pire chose qui puisse arriver à n'importe quelle économie. Une économie qui marche, c'est une économie vers laquelle les gens convergent. Chez nous, c'est le contraire qui s'est produit. Montréal, cette ville qui n'en finit plus de se vider, de s'appauvrir, est le symbole même de l'échec du régime péquiste.

J'ai choisi le Québec parce que je veux offrir de nouvelles solutions à nos problèmes. Parce que j'en ai assez de nous voir nous diviser. Parce que je veux nous voir unis. Parce que je veux que nos enfants aient le goût de demeurer ici pour continuer à bâtir leurs rêves. Il nous faut une deuxième révolution tranquille, une qui, cette fois, mettra l'État au service du citoyen. L'espoir ordonne que nous recommencions à bâtir sur des fondations stables, sans œillères et sans restrictions. Nos ancêtres n'ont pas attendu des modifications constitutionnelles pour construire notre société. Nous n'avons pas le droit de réduire le patrimoine que nous laisserons à nos enfants. L'histoire nous convie, une fois de plus, à une grande corvée, un effort collectif digne de ceux et celles qui nous ont précédés. Tous ensemble, retroussons-nous les manches et mettons-nous au travail.

Jean Charest
North Hatley, juillet-août 1998

Table des matières

AUX ÉDITIONS
PIERRE TISSEYRE

JEAN-CLAUDE CASTEX
Les grands dossiers criminels du Canada
(deux volumes)

JEAN CHAREST
J'ai choisi le Québec

LAURIER CÔTÉ
Zangwill
Abominable homme des mots

PIERRE DESROCHERS
Ti-cul Desbiens ou le chemin des grèves
Les années inventées

JACQUES GAUTHIER
Chroniques de l'Acadie (quatre volumes)

LOUIS GAUTHIER
Anna
Les grands légumes célestes vous parlent

DIANE GIGUÈRE
L'eau est profonde
Le temps des jeux
Dans les ailes du vent
L'abandon

MONIQUE DE GRAMONT
Le maître du jeu

CLAUDE JASMIN
La corde au cou

DENNIS JONES
Le plan Rubicon
Palais d'hiver

SUSANNE JULIEN
Mortellement vôtre
Œil pour œil

JACQUES LAMARCHE
Ils auront trente ans

IMPRIMÉ AU CANADA